FBI捜査官が教える

「しぐさ」の実践解読辞典407

The Dictionary of
BODY LANGUAGE
A Field Guide to Human Behavior

ジョー・ナヴァロ 著
Joe Navarro

西田美緒子 訳

河出書房新社

FBI捜査官が教える「しぐさ」の実践解読辞典407――目　次

はじめに　7
頭　17
額《ひたい》　27
眉《まゆ》　35
目　41
耳　59
鼻　65
口　73
唇《くちびる》　91
頬《ほお》と顎《あご》　103
顎《あご》先《さき》　111
顔　119

首　125
肩　135
腕　141
手と指　153
胸、胴、腹　179
腰、尻、生殖器　191
脚《あし》　197
足　209
結論　219
謝辞　221
訳者あとがき　224
参考文献　230

FBI捜査官が教える「しぐさ」の実践解読辞典407

本書を私の最愛の人、最良の友、
そして私がするあらゆることの最初の編集者でもある、
妻のスリス・ヒラリー・ナヴァロに捧ぐ

言葉が自分の考えを隠すために人間に与えられたのだとしたら、
しぐさの目的はそれを見せることにあった。
——ジョン・ネイピア

はじめに

私は一七歳のとき、人間の行動を記録し始めた。一九七一年のことだ。理由は今でもよくわからないが、あらゆる種類の「ノンバーバル」を書き留めることにしたのだ。ノンバーバルは、一般にはボディー・ランゲージと呼ばれている。最初は人々がとっさに見せる行動に気づいて記録した。信じられないと思うと、どうして目を白黒させるのだろう？　悪いニュースを聞くと、なぜ手で首を触るのだろう？　その後、もっと微妙なしぐさに気づくようになった。女性はなぜ電話をしながら髪の毛をいじるのだろう？　誰かに挨拶をするとき、なぜ眉をアーチ型に上げるのだろう？　どれもちょっとした動作だったが、私は好奇心をそそられた。人はなぜ、それほど多様性に富んだしぐさをするのだろうか？　そうしたしぐさの目的な何なのか？

十代の若者にしては奇妙なものを追究していたと思う。友人たちにもそう言われた。彼らはベースボールカードを集めるのに夢中で、シーズンの最高打率を記録した選手を覚えていたし、アメフトのエクストラポイントが最も多い選手もよく知っていた。でも私は人間の行動の複雑さを知ることのほうに、ずっと興味を引かれていた。

手始めに、観察した内容をいつでも見られるように三インチ×五インチの索引カードに書き込んだ。そのころはまだ、チャールズ・ダーウィン、ブロニスワフ・マリノフスキ、エドワード・T・ホール、デズモンド・モリス、のちに友人となるデヴィッド・ギヴンズ博士など、人間行動の分野の巨匠たちの研究をよく知らなかった。ただ単純に他の人がどんなふうに行動し、それはなぜなのかに関心を抱き、観察した内容を保存しておきたかっただけだ。それから四〇年以上たった今もまだ索引カードに情報を集めているとは、思ってもみなかった。

そのあいだに集めた項目は数千にのぼる。当時は、自分が将来ＦＢＩ特別捜査官になるとは考えていなかったし、その後二五年にわたって犯罪者、スパイ、テロリストを追いながら、観察結果を利用するとも思わなかった。でもたぶん、人間が行動する様子と理由にあれほど大きな関心を抱いていた私にとっては、最初からそれが自然な道筋だったのだろう。

私は共産主義支配のキューバを逃れた難民として米国にやってきた。当時はまだ八歳で、英語を話すことはできなかったが、とにかくすぐに溶け込む必要があった――言い換えるなら、新しい環境を観察し、解読する必要があった。英語を話す人にとっては当然のことが、私には当然ではなかった。私にとっての新しい暮らしは、意味のわかるものを読み解いた内容だけで成り立っていた。わかるものはボディー・ランゲージのみ。そうして、周囲の人々の表情、様子、視線の柔らかさ、顔の緊張度を見ながら、相手が言いたいことを読み取る方法を学んでいった。私に好感を持ってくれている人、私の存在に無関心な人を見分けられるようになり、相手が私に対して怒っているのか、動揺しているのかも判断できるようになった。見知らぬ土地で、観察することを通して生き抜いた——他に方法はなかった。

もちろん、アメリカ人のボディー・ランゲージはキューバ人のボディー・ランゲージとは少し違う。アメリカ人の話す抑揚と活気は、キューバのものとは異なっていた。キューバの人たちは話すとき互いに近づき、体を触ることも多かったが、米国では少し離れて話し、社交的に体を触ると不愉快そうな目で見られるか、それより悪い状況を生んだ。

両親はそれぞれ三つの仕事を掛け持ちしていたから、そうしたことを教えてくれる時間はなく、私は自力で学ぶしかなかった。私は文化を学び、文化がノンバーバルに与える影響も学んでいたのだ。ただし、当時はそんなふうに言葉で表現できたわけではない。それでも、米国ではいくつかのしぐさが異なっていることがわかり、それを理解しなければならなかった。そこで自分なりの科学研究のやり方を考え出し、一度か二度ではなく何度も目にしたことをすべて冷静に観察して、正しいと確認してから索引カードに書き込むことにした。やがてカードの数が増えるにつれ、しぐさに一定のパターンが際立ち始めた。ひとつには、心理的に快適か不快かを指標として、ほとんどのしぐさを大まかに分類することができたのだ。私たちの体はリアルタイムで、しかもとても正確に、心の中の不安を周囲に見せている。

　のちに私は、こうした〈快適さの指標〉となる行動の多くは、正確には私たちの頭の中の哺乳類脳とされる情動領域（辺縁系と呼ばれることが多い）から生まれていることを学んでいく。この種の無意識の反応はキューバでも米国でも変わりがなかった。学校で、街角のウィンドウを見ながら、人々はほんとうに好きな人やものを前にすると、眉を上げて目を輝かせた。私は、これらの普遍的なしぐさこそ本物で頼れるものだと信じるようになった。それに対して人々が話す言葉は疑わしかった。英語を学んだあと、顔では明らかに嫌いだという表情を見せた直後に、口では好きだと言った人に何人出会ったことか。

　そんなわけで、私は「人をだます」ことについても早くから学んだ。人はよくウソをつくが、ノンバーバルはたいていの場合にほんとうの感情を示している。もちろん子どもはひどいウソつきだ。子どもは何か悪いことをしたかと尋ねられると、口では否定しながら首を縦に振って認めていることもある。年を重ねるにつれてウソもうまくなるが、訓練を受けた者が見れば、何かがおかしい、ここには問題がある、すべてを正直に話しているようには見えない、話している様子に自信がなさそうだ、といった兆しを見つけることができる。本書には、このようなシグナルやしぐさを数多く集めて記載してある。

　私は成長するにつれ、ますますノンバーバルに頼るようになった。学校でも、スポーツでも、何から何まで――友だちと遊んでいるときも――ノンバーバルを当てにした。こうしてブリガムヤング大学を卒業するまでには、一〇年以上もの観察の成果が蓄積されていた。大学では初めて、マイアミで出会ったよりはるかに多くの文化を背景に持つ学生たち（東欧、アフリカ、太平洋諸島、中国、ベトナム、日本から来た学生や、アメリカ先住民の学生など）とともに暮らしたので、さらに豊かな観察結果を手にすることができた。

学校では、これらのしぐさの多くについて、興味深い科学的基盤も発見し始めていた。ひとつだけ例を挙げてみよう。一九七四年に、私は生まれつき目が見えない子どもたちがいっしょに遊んでいるところにたまたま居合わせ、思わず息をのんだ。子どもたちは互いの姿を一度も見たことがないのに、そのしぐさは、私が目で見て習得すると思っていたものだったからだ。子どもたちは「嬉しそうに跳ねる足（397を参照）」で喜びを表現し、両手で「尖塔のポーズ（269を参照）」をとっていた。どちらも、子どもたちにとっては一度も見たことのないものだった。それならば、こうしたしぐさはDNAに組み込まれ、古くからある脳の回路の一部になっていることになる。それは生き残りとコミュニケーション能力を確保するために大昔から培われてきた脳の回路だから、普遍的なものだ。私は大学時代に、これらのしぐさの多くについて進化の点から見た基盤を学んだ。本書では、当たり前のこととして軽視されている意外な事実を明らかにしていく。

ブリガムヤング大学での勉強を終えたあと、私はＦＢＩへの出願を促す電話をもらった。最初は冗談だと思っていたが、次の日に訪ねてきたスーツ姿のふたりの男性から願書を手渡され、私の人生は永久に変わった。当時は、ＦＢＩのスカウトが大学のキャンパスで人材を探すことも珍しくなかった。なぜ、誰によって推薦されたかは、教えてもらえなかった。世界で最も高名な法執行機関に加わるよう求められたことで、私が有頂天になったことは言うまでもない。

私は史上二番目の若さでＦＢＩに入局し、二三歳で再び新しい世界に足を踏み入れた。捜査官になるには多くの点で準備不足だと感じはしたが、すでに熟達していた領域がひとつだけあった。ノンバーバル・コミュニケーションだ。自分に自信をもてたのはこの分野だけだった。ＦＢＩの仕事には、その大部分に観察が関わってくる。もちろん、処理が必要な事件現場があり、逮捕すべき犯罪者もいるが、職務の大半は人に話しかけ、犯罪者を調査し、面談することだ。その点で、私の準備は整っていた。

ＦＢＩには二五年間勤務し、後半の一三年間はＦＢＩの精鋭が集まる国家安全保障部の行動分析プログラムで過ごした。国家安全保障に関わる最重要事件を分析するためのこの部署で、私はノンバーバルのスキルを最大限に活用するようになった。ここでは、一万二〇〇〇人ものＦＢＩ特別捜査官の中から選ばれたわずか六人で、不可能と思えることを成し遂げなければならなかった。外交の陰に隠れて米国に害を及ぼそうと企むスパイ、二重スパイ、敵対的な諜報部員を見つけ出す仕事だ。

私はこの分野で活動した時期に、ボディー・ランゲージへの理解に磨きをかけることができた。私がこの目で見たことは、大学の研究室で再現できるようなものではない。学術誌に掲載されている欺瞞やボディー・ランゲージに関する論文を読むと、著者はサイコパス、テロリスト、マフィアの「幹部」、ソビエト時代のＫＧＢ諜報部員に、実際に面談したことがないのがわかった。そうした論文の研究結果は、大学生が参加する研究室の設定では正しいものかもしれない。けれども現実世界のことをほとんど理解していなかった。私がこの目でじかに見たことを再現できる研究室はなく、私が捜査官として行なった一万三〇〇〇回以上の面談、何千時間分もの監視ビデオの閲覧、行動記録の作成を真似られる研究者もいなかった。ＦＢＩでの二五年間が私の大学院であり、ノンバーバル・コミュニケーションに基づいて何人ものスパイを投獄した実績が私の学位論文だった。

　ＦＢＩを退いたあと、私はボディー・ランゲージについて知っていることを他の人たちにも知ってほしいと考えた。二〇〇八年に出版された『ＦＢＩ捜査官が教える「しぐさ」の心理学』〔河出書房新社、二〇一〇年〕は、その願いが実を結んだものだ。その本では「快適」と「不快」を中心に据え、あらゆる場面で「なだめ行動」が見られることを伝えた。「なだめ行動」とは、顔を触る、髪をなでるなど、日常的なストレスに対処するために用いるしぐさを言う。さらに、心理学の研究、進化生物学、文化的な脈絡を参考にしながら、これらの普遍的なしぐさがどこからやってきたのかを説明し、私たちのしぐさの理由も探った。

『ＦＢＩ捜査官が教える「しぐさ」の心理学』は世界的なベストセラーとなって数十か国語に翻訳され、販売部数は全世界あわせて一〇〇万部を超えている。この本を書いたときには、どれだけの人たちに読んでもらえるかわからなかった。そして出版後に講演の仕事に出かけると、どこでも同じ意見を聞くようになった。もっと知りたい、そして、もっと簡単に利用できる形式にしてほしいという意見だ。多くの読者が望んだのは一種のフィールドガイドで、さまざまなしぐさを辞書のように列挙し、日常生活で見かけたしぐさをすぐに調べられるクイックリファレンス・マニュアルだった。

本書（原題『ボディー・ランゲージの辞書』）は、その希望に沿ったフィールドガイドになっている。体を各部分に分けて頭から足まで順にたどりながら、私がこれまでにさまざまな場面で観察してきた最も重要なボディー・ランゲージを、四〇〇項目以上列挙した。本書を読むことで、私や他のFBI捜査官たちが人間行動を読み解くのに用いてきた洞察力を、読者のみなさんにぜひ身につけていただきたいと思っている。もちろん私たちはそうした洞察力を犯罪容疑者の尋問に利用してきた。けれどもみなさんは私が米国にやってきたばかりのころのように、仕事や遊びで触れあう人々をもっとよく理解するために、毎日の暮らしで利用することができる。社会生活を営むうえで友人やパートナーを真に理解するには、互いに意思を通じあう第一の手段であるノンバーバルを学ぶ以上の方法を、私は思いつかない。

私たちが日常的にしているしぐさについて、なぜそうするのかと不思議に思ったことのある人、あるいはどんな意味なのかを知りたいと思ったことのある人が、本書でその疑問を解消できることを願っている。本書を読むにあたっては、読みながらそれぞれのしぐさを自分でやってみることをお勧めする。そうすれば、どんなふうに見えるのか、どんな感覚なのかを、身をもって感じとることができるだろう。またそうすれば、次に目にしたときに強く記憶に残っているだろう。読者のみなさんが私と同じように人間観察を楽しむなら、また職場、家庭、教室などで人々が何を考え、何を感じ、何を望み、何を恐れ、何をしようとしているのかを見極めたいなら、ぜひこの先を読んでほしい。

頭

すべてのしぐさは、もちろん頭の中から生まれてくる。意識的なしぐさでも意識下のしぐさでも、脳はいつも働いている。脳から出た信号が心臓、呼吸、消化、その他多くの機能を制御しているわけだが、頭の外側も途方もなく大切だ。髪、額、眉、目、鼻、唇、耳、顎先がすべて、それぞれの方法で、全般的な健康から感情的苦痛までを伝えている。そこでまず、人が生まれてから死ぬまで、役立つ情報を得ようと当てにしているこの部分から始めることにしよう。親、友人、同僚、恋人とさまざまな立場から、相手の心の中にあるものが見えてくる。

1　頭を飾る

頭の飾りはあらゆる文化で、さまざまな理由から用いられている。頭の飾りを見れば、指導者の地位（アメリカ先住民の族長の羽根飾り）、職業（安全帽や炭鉱夫のヘルメット）、社会的地位（山高帽やイヴ・サンローランの婦人用縁なし帽）、趣味（自転車やロッククライミング用のヘルメット）、宗教（枢機卿帽やユダヤ教徒のヤムルカ）、忠誠心（好きなスポーツチームや労働組合）がわかる。頭の飾りは、その人の社会的な立場、忠誠心、社会経済的地位、信じているものの、自分自身をどう見ているか、さらに社会の慣習を無視している程度までを明らかにしている。

2　髪

ノンバーバル・コミュニケーションについて考えるとき、好都合に頭のてっぺんについている髪は、とてもたくさんのことを伝えてくれる。誰もが、潜在意識のレベルでさえ、健康的な髪が見えることを予期している。汚れた髪、ボサボサの頭、引き抜かれた髪、または手入れされていない髪の持ち主は、健康に問題があるか、精神疾患の可能性さえある。髪は人を魅了することも、誘惑することも、安心させることも、不快にさせることも、驚かせることもある。職業の一端を明かすこともある。著名な人類学者デヴィッド・ギヴンズによれば、髪は「非公式な履歴書」の役割を果たし、組織内で占める地位を明らかにすることも多い。また、多くの文化で髪はデートや恋愛にとって重要な役割を果たす。髪形は文化的規範と最新流行の両方に従う傾向があり、こうした社会的基準を無視すると目立ってしまう。

3　髪をいじる

髪の毛をいじるのは（クルクルまわす、ねじる、なでる、など）、なだめ行動にあたる。このしぐさは女性に多く、上機嫌（読書中やリラックスしているとき）またはストレス（たとえば面接の順番を待っているときや、飛行機がガタガタ揺れているとき）のいずれかを示すことがある。手のひらを頭の方に向けている場合は、次の項で説明する手のひらを外に向けている場合と異なり、なだめ行動である可能性が高いことに注意する。なだめ行動は、ストレスや不安を感じた人を心理的に落ち着かせる役割を果たし、時間をつぶすのにも役立つ。成長するにつれ、指をしゃぶるなだめ行動は、唇を噛む、爪を噛む、顔をなでる、といった行動に変化していく。

4　**（手のひらを外に向けて）髪をいじる**　女性が手のひらを外に向けて髪をいじる場合は、快適であることを人前で見せていることが多い——他の人たちといっしょにいるとき、満足して自信を持っているサインだ。私たちは通常、快適で気楽な気分になると手首の内側を人に見せる。女性がデート中に、関心を持っている相手と話しながら、手のひらを外に向けて髪をいじる場面がよく見られる。

5　**指で髪をとかす（男性）**　男性がストレスを感じると指で髪をとかすしぐさをして、頭に風を通す（空気を入れて頭皮の血管の表面を冷やす）と同時に、押すことによって皮膚の神経に刺激を与える。心配ごとや疑念を抱えているサインのこともある。

6　**髪に風を通す（女性）**　髪に風を通すしぐさは強力なため行動で、暑さとストレスの両方を和らげる効果を持つ。女性が髪に風を通すやり方は、男性とは異なっている。女性は心配、動揺、ストレス、狼狽を感じると、首の後ろの髪を素早く持ち上げる。このしぐさを繰り返すときは、ストレスがつのっている可能性が最も高い。ただし、身体的活動や周囲の温度のせいで体温が上がりすぎている可能性も無視することはできない。男性の場合は指で髪をとかして（5を参照）、頭頂部に風を通す傾向がある。

7　髪の毛を指先で軽くはじく・髪を触る　髪の毛を指先で軽くはじいたり、髪を触わったり引っぱったりするしぐさは、パートナーにしたい人の気を引こうとするときによく見られる。髪を触る手の動きは、魅力的だとみなされることが多い（髪を扱うコマーシャルを考えてみよう）。私たちは、動くものに注意を引かれる定位反射と呼ばれる原始的な反応を示し、とりわけ手の動きに注目してしまう――マジシャンがいつも利用しているものだ。髪に向けて伸ばした手には、部屋の反対側にいても目が行く。ちなみに、定位反射は潜在意識に基づく動きなので、昏睡状態の患者でも目の動きとして見られることがある。

8　髪を引き抜く　意図的に繰り返し髪を引き抜くしぐさは、抜毛癖と呼ばれる。ストレスを感じている子どもやティーンエイジャーに多いが、成人でも見られることがある。男性は眉の隅の毛を引き抜くことが多いのに対し、女性ははるかに幅広く、睫毛、髪の毛、眉毛、腕の毛を引き抜く。これはストレス反応で、鳥もストレスを感じると自分の羽を抜く。神経性チックのように髪の毛を繰り返し引き抜く動作は、神経末端を刺激するなだめ行動だ。残念ながら重度になった場合は、医学的介入が必要となる。

9　うなずく　会話中にうなずくのは、通常はリズミカルな動きで、メッセージを聞いて受け入れていることを確認する役割を果たす。通常は同意の合図だが、口をすぼめる動作（154を参照）を伴ってうなずく場合は、意見の相違を示すことがある。

10 **うなずく（矛盾した動き）**　通常は小さい子どもに見られる動作で、親が子に「電気スタンドを壊した？」と尋ねたのに対して、子どもが「壊してない」と答えながらうなずくような場合だ。この矛盾したしぐさは、真実を欺いていることを示している。私はこのしぐさを、子ども、ティーンエイジャー、さらに大人でも目にしてきた。

11 **頭の後ろを軽く叩く**　当惑したり心の葛藤を抱えたりした人が、片手で頭の後ろを軽く叩く場面をよく見かける。言うべき答えがわからない場合には、髪を上から下になでることもある。このしぐさは、触感と生み出される温かさの両方の効果で、気持ちを落ち着かせる効果を持っている。手で体を触るほとんどのしぐさと同様、ストレスや不安を減らすなだめ行動のひとつだ。

12 **頭を掻《か》く**　疑い、苛立ち、ストレス、心配ごとを抱えたとき、頭を掻くと落ち着くことができる。何かを思い出そうとしている人や当惑した人で、よく見られるしぐさだ。そのため、教師は生徒がテストの問題を考えながら頭を掻いている場面によく出合う。とても素早い動作で頭を掻いている場合は、強いストレスや心配を示していることが多い。次に何をすべきかで葛藤しているシグナルの場合もある。

13 **頭をなでる**　人は髪形を整えるためだけでなく、ストレスを感じたとき、ジレンマに直面したとき、質問にどう答えようかと考え込んでいるときに、手のひらで髪をなでつけて気持ちを落ち着かせることがある。母親が子どもの頭をなでて安心させるのも、同じことだ。このなだめ行動は瞬時に心を落ち着かせる効果を持っている。このしぐさも、とくに頭の後ろをなでる場合は、疑念や葛藤のシグナルになることがある。

14 **片手で腹をこすりながら、もう一方の手で頭を掻く**　腹と頭の両方を同時にこするのは、疑いと驚異をあらわしている。確信のなさや懐疑心のシグナルになることもある。興味深いことに、多くの霊長類が同じしぐさをする。

15 **頭の後ろで両手を組んで、ひじを突き出す**　頭の後ろで両手を組んで、ひじを突き出すしぐさは、相手を威嚇するためにフード（首の両脇の皮膚）を広げたコブラに似ていることから、「フーディング」と呼ばれ、その人を実際より大きく見せる。快適でその場を任されていると感じたときにする、縄張りの主張だ。フーディングの姿勢では、頭の後ろで組んだ指によって安心感と落ち着きを得ると同時に、ひじを張って自信をあらわす。自分より高い地位の人がいる場でフーディングをする人は、ほとんど見られない。

16 両手を頭に近づける（呆然とする）

人はショックを受けたとき、信じられないことに出合ったとき、呆然としたとき、急に両手を頭に近づけながらひじを前方に突き出し、手を耳に触れずにそのそばまで持っていくことがある。何が起きたかを理解しようとして、数秒間はこのままの姿勢を保つかもしれない。この原始的で自分の身を守るような反応は、自宅の郵便受けに車をぶつけてしまった人や、間違ったゴールラインに向かって走ってしまった選手で見られる場合がある。

17 頭の上で両手を組む

ふつうは手のひらを下にして手を組むこのしぐさは、頭を隠そうとしながら両ひじが横に大きく突き出るので、よく目立つ。圧倒された人、行き詰った人、奮闘している人で、また災難が起きたとき（ハリケーンや竜巻で財産を失ったあと）、ものごとがうまく行かないときに、見られるしぐさだ。ひじの位置に注目してほしい。事態が悪化するにつれて、両ひじが顔の前で不自然なほど、まるで万力で押さえつけられているかのように近づいて行く傾向がある。また、手に込められた力にも注目する。状況がますます悪くなると、両手で下に押す力がどんどん強くなる。このしぐさは「フーディング」（15を参照）とはまったく異なっており、フーディングの場合は手のひらが頭の後ろに置かれ、本人はとても自信を持っている。

18　**帽子を持ち上げる**　突然のストレスに襲われたとき、人は不意に帽子を持ち上げて頭に風を通すことがある。悪いニュースを聞いた途端、議論の最中、または腹を立てた直後に、このしぐさをすることが多い。身の安全のためにつけ加えておくと、大きな怒り（たとえば交通事故や運転中の激発）が伴う場合には、身につけているものを取る（帽子やシャツを脱ぐ、サングラスをはずすなどの）しぐさのあとに喧嘩が起きる場合が多いので、注意を要する。

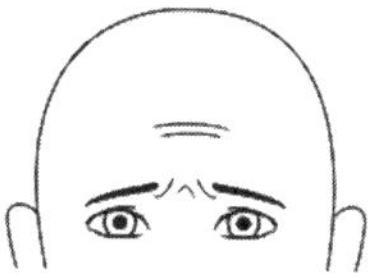

額《ひたい》

私たちは赤ちゃんのころから、情報を得ようとして人の額を読み取り始める。生後二、三か月の乳児さえ、母親の額のしわに反応して、何か不愉快なことだと理解する。鼻筋《びきん》から髪の生え際までの小さな空間が、その人の感じていることをリアルタイムで明らかにしているからだ。額は脳と密接な関係を持った注目に値する場所で、私たちはここを利用することで、素早く、正確に、はっきりと、感情を伝えあうことができる。

19　額の緊張

一部の人では、ストレスが額の緊張となって突然あらわれる。額の筋肉が硬直し、張り詰めるせいだ。ポール・エクマン博士によれば、顔には二〇を超える異なる筋肉のグループがあり、四〇〇〇以上の表情を生み出すことができる。中でも大きな後頭前頭筋《こうとうぜんとうきん》、鼻根筋《びこんきん》、側頭筋《そくとうきん》を含む六つの筋肉は、人がストレスを感じたときに額の緊張やしわを生み出す。もちろん、落ち着いた環境にいるときの顔を見て基準となる額の表情を把握しておくことは必要だが、ストレスを感じた人の額の緊張ははっきりわかることが多く、何かがうまく行っていないことの、とてもよい指標になる。

20 **額に深いしわを寄せる**　刺激に反応して額にしわが寄ったら、通常は何か不都合や問題がある、または確信がないことを示している。何かに集中しているか、何かを理解しようとしている場合もある。だが額の深いしわは、疑い、緊張、不安、心配と関連づけられることが多い。多くの人が額のストレスじわを目立たなくするために美容の目的で利用するボトックス注射によって、ほんとうの感情が隠される場合があるのを忘れないように。

21 **ボトックス注射をした額（表情を読み取るうえでの問題）**　今では男性も女性もボトックス注射を利用して、額のストレスじわを減らすことがある。これは、ふつうは相手がどう感じているかに関する情報を求めて額を見るカップルや、子どもにまで、問題を生じさせている。赤ちゃんは生後四週間のころからもう額のしわを何か不愉快なこととして受け止める。興味深いことに子どもも大人も、ボトックス注射を利用した両親や配偶者の感情の手がかりを簡単には読み取れなくなることが報告されている。

22 **ストレスじわ**　人によっては、生きるための闘いのせいで、若いころから額に深いしわが寄っていることがある。人生経験は多くの場合、額に小じわ、深いしわ、その他の変化を刻み込む。額は、困難な人生、ストレスの多い人生、または太陽にさらされる屋外で過ごしてきた人生を物語ることがあり、それによって誰の額にもしわがあらわれる傾向が強くなる。

23　**額に汗をかく**　ストレスが大きくなると、気づかないうちに汗をかき始める人がいる。汗には大きな個人差がある。コーヒーを一口すすっただけで、または階段を数段のぼっただけで、ひどく汗をかく人もいるから、結論を導く前に基準となる状態を把握しておかなければならない。基準となるしぐさとは、その人にストレスがなく、あまり感情に影響されていない状態の「普段の」しぐさを指す。

24　**こめかみの血管が脈打つ**　人がストレスを感じると、浅側頭静脈と呼ばれる血管（目のすぐ後ろにあたるこめかみの、皮膚のすぐ下にある血管）が脈打ったり、目に見えるほど膨らんだりすることがある。これは不安、心配、恐怖、怒り、ときには気持ちの高ぶりによって、自律神経が興奮しているとても正確な指標だ。自律神経の興奮は脳が自動的に生き残りモードに入ることを意味し、走ったり戦ったりする身体活動を予期して、心臓と肺の働きを活発にする。

25　**額をさする**　人は（文字通り）頭痛がするとき、または頭の中で情報を処理しているとき、気がかり、心配、疑念、不安があるときに、額をさする傾向がある。これはなだめ行動で、緊張や心細さを落ち着かせるのに役立つ。

26

額を指さす　一本の指を使って額を指さしたり指先を額にネジ込むかのように動かしたりするのは、とても侮辱的なしぐさで、それを見ている相手が無知、愚か、または正気でないと伝える。この合図は文化に根差しており、一般的にドイツ、スイス、オーストリアで見られ、非常に腹立たしいしぐさだ。ときには米国でも見られる。侮辱的なため、真似るべきではない。

27

額に手を押しつける　手のひらを平らにして額に押しつけると、ストレス、疑念、確信のなさから生まれた緊張を和らげるのに役立つ。額を手のひらで叩くしぐさとは異なり、自分の手で頭を後方に押そうとしているかのように見える。他の多くのしぐさと同じく、肌で触覚による圧力を感じることによって、心理的な落ち着きを得ようとしている。

28

戸惑った表情　目と目を引き寄せ、深いしわを作ったり、眉をひそめたりする表情はよく見られる。目を細める、または目をそらすことがあり、ときには頭が横方向に少しだけ傾く。この困ったような表情は、人が精神的に奮闘しているとき、または問題を克服しようとしているときにあらわれることが多い。通常は、大きな認知的負荷がかかっている（難しいことを考えている、または何かを思い出そうとしている）場合に見られる。

29

帽子で額を隠す　ストレスや困惑があると、人はかぶるもの（帽子、バイザー、フード）で実際に額を隠すことがある。一般には子どもやティーンエイジャーで見られるが、ときには成人も同じことをする。スピード違反で切符を切られたドライバーが、このしぐさをしているのをよく見かける。まるで恥ずかしくて隠れようとしているかのようだ。

眉《まゆ》

眉は、眼窩《がんか》の上側のアーチのすぐ上に位置し、多彩な目的を持っている。目を埃、光、水滴から守るだけでなく、私たちの感情を伝える役割も果たす。人はごく幼いころから、相手の顔の表情を読み取ろうとして眉に頼る。そして多くの文化で、眉は美的な面でも人々の関心の的になっている――ピンセットで引き抜かれ、形を整えられ、むしられ、染められ、強調され、ワックスで固められ、様式化され、剃られ、伸ばされる存在だ。顔の多くの部分と同様、眉もさまざまな筋肉によってコントロールされているので（おもに皺眉筋《しゅうびきん》だが、鼻から続く鼻筋《びきん》と上唇挙筋《じょうしんきょきん》も使われる）、とても表現力があり、感情を見事に伝えることができる。

30 眉をアーチ型に上げる・眉を一瞬上げる（幸せそうな表情で）

人が眉をアーチ型に上げたり、目を輝かせたりするときは、ワクワクしている（たとえば親しい友人に挨拶する場合）または何か楽しいことに気づいている。眉を上げている時間は五分の一秒にも満たない。これは上方向への動きなので重力に逆らう行動になり、他の重力に逆らう行動と同じく、肯定的な何かを示すものだ。生後二、三か月の赤ちゃんは、母親が眉を一瞬上げるのを見るとパッと顔を明るくする。私たちはこの表情をすることで、相手を気遣っていて、会えて嬉しいことを、その人に伝えることができる。

眉を一瞬上げる幸せな表情は、家庭でも職場でも、日常の場面で大いに役立つ強力なしぐさだ。

31 **眉で交わす挨拶**　私たちは知り合いを見つけ、声を出せない状況のとき、または単に相手に気づいていることを伝えたいとき、状況によって真顔か笑顔のいずれかで眉を一瞬上げる。この挨拶が自分に向けられなければ、たとえば店に入って店員がまったく目を合わせようとしないときなどに、すぐわかる。このようなとても簡単な、眉を一瞬上げる表情をするだけで、たとえそのとき忙しくても相手を尊重している気持ちを伝えることができる。

32 **眉をアーチ型に上げる（緊張した表情で）**　人は迷惑な驚きを感じたりショックを受けたりしたときも、眉をアーチ型に上げる。緊張した顔や強く押しつけた両唇などの別のしぐさと組み合わさっている場合には、その人がとても不愉快なことを経験しているのがわかる。このしぐさが31で説明した眉で交わす挨拶と異なるのは、眉をコントロールしている筋肉の緊張が数秒間長く続く点だ。

33 **眉をアーチ型に上げる（顎先を首の方向に引きながら）**　耳にしたことをすぐ疑問に思った人、とても驚くことを聞いたり知ったりした人は、口を閉じたまま顎先を首の方向に引きながら眉をアーチ型に上げることがある。困惑するような状況を目にした人も、「聞こえたけれど、いやなことだった」と言っているかのように、このしぐさをする。教師が行儀の悪い生徒によく向けるしぐさでもある。

34 眉を左右非対称に動かす

人は疑いを持ったとき、または半信半疑のとき、このシグナルを出す。一方の眉はアーチ型に上がっているのに、もう一方の眉は上がっていないか、かえって下がっている。左右非対称な眉は、その人が言われたことに疑問を持っているか疑っていることを示す。俳優のジャック・ニコルソンは、スクリーン上でも私生活でも、他の人が言ったことを疑うときにこの方法を用いることで知られている。

35 眉のあいだを狭める・眉をひそめる

鼻のすぐ上の目と目のあいだは眉間《みけん》と呼ばれ、眉間が狭まったりそこに深いしわが寄ったりすると、ふつうは問題、心配ごと、反感が生じていることを意味する。この普遍的なサインはとても素早く出されるので、見分けるのが難しい場合もあるが、感情をとても正確に反映している。厄介なことを耳にしたとき、言われていることを理解しようとしているときに、眉をひそめる人もいる。この感情は絵文字の><で伝えられる。

目

目は周囲の世界への視覚的な玄関口だ。私たちは生まれた瞬間から、見慣れた顔、動くもの、目新しいもの、色、陰影、対称性を見つけ、そこに含まれている情報を読み取り、見て美しいものをいつも探している。人の視覚野は脳の他の部分に比べて大きく、目を引くものと新しい経験を探し求める。目は愛情と思いやりを伝える一方で、恐れや軽蔑の気持ちも表現する。相手を歓迎する目や喜びに満ちた目は人を幸せにする。だが、目は何かがうまく行っていないこと、気がかりや心配ごとがあることも知らせてくれる。目は部屋じゅうの人たちを支配することも、見知らぬ人たちの間で縮こまることもできる。人は相手を引きつけたければ目を輝かせ、敬遠したければ目をそらす。私たちが人の姿で最初に注目するのは目であることが多く、赤ちゃんが生まれると、多くの人はその目を見て長い時間を過ごす。実際には目という窓を通して、その心をのぞき込んでいるからではないだろうか。

36 瞳孔《どうこう》が大きく広がる

人が快適なとき、または出会った人やものが好きなときには、瞳孔が大きく広がる。カップルが気楽な気持ちでいっしょにいると、できる限りたくさんの光を取り込もうとしているかのように、ふたりの瞳孔が広がる。だからデートには薄暗いレストランが適している。明るすぎない照明によって視線が自然に和らぎ、瞳孔がもっと大きく広がる。周囲に人がいても、さらにリラックスできる効果だ。

37 **瞳孔が小さくなる**　人が嫌いなものを見たとき、または不愉快な感情を抱いたときには、瞳孔が小さくなる。目の色が明るい人ほど瞳孔の収縮がはっきりわかる。瞳孔が急に縮んで針先のように小さくなったなら、何か不愉快なことが起きたと思っていい。興味深いことに、この動きをつかさどっているのは脳で、苦痛を感じたときに目の焦点をしっかり合わせようとする働きにあたる。瞳孔が小さいほど見えるものがはっきりするからだ。目を細めると焦点がよく合うのも、同じ理由による。

38 **リラックスした目**　リラックスした目は、快適で自信があることを伝えるシグナルだ。人は気楽になると目、額、頬の周辺の筋肉が緩む――だがストレスを感じたり迷惑なことがあったりした途端、目は緊張した状態に戻る。赤ちゃんは、泣き出す前に顔の筋肉を急にしわくちゃになるほど緊張させるので、この変化がとてもはっきりわかることが多い。ボディー・ランゲージのしぐさを読み取ろうとする場合には、判断が正しいかどうかを確かめるために、必ず目の様子を見ること。眼窩がリラックスしていれば、おそらく万事うまく行っている。目の周辺が急に緊張したり、目を細めたりするのがわかれば、その人は何かに集中しているか、ストレスを感じている。目と目の周辺組織の筋肉は、顔面の他の筋肉よりずっと素早くストレス要因に反応するので、ここに注目すれば人の精神状態をほぼ即座に見抜くことができる。

39 **目の周囲のくぼみが小さくなる**　人がストレス、動揺、脅威を感じると、またはその他の不愉快な感情を抱くと、筋肉が縮むので、目を囲むくぼみが小さくなる。心細さ、心配、疑念に反応して、脳がただちにここを狭めるためだ。何か問題や都合の悪いことがあるという、すぐれた指標になる。

40 **目の下が震える**　目のすぐ下にある小さい筋肉（眼輪筋《がんりんきん》の下側）と、頬骨のすぐ上にある筋肉、さらにそれを取り巻く組織は、ストレスに対してとても敏感なことがある。心配ごと、不安、恐れがあると、この柔らかい部分が震えたり引きつったりして、その人のほんとうの心の状態を明らかにする。

41 **まばたきの速さ**　まばたきの速さは、環境または人が経験しているストレスや興奮の状況によって変化することがある。個人差はあるが、通常、照明の状況や湿度に応じて一分間に一六回から二〇回のまばたきが見られる。コンピューターを見ている人ではまばたきの回数が少なく（ドライアイや目の感染症を訴える人が多い――涙には抗菌作用がある）、空気中に埃や花粉が漂う場所で働いている人ではまばたきの回数が多い。また、コンタクトレンズを装着するとまばたきの回数が増える場合があることも知っておきたい。周囲に刺激的な人がいる場合にも、まばたきの回数は増える傾向がある。

42 **頻繁《ひんぱん》にまばたきをする**　神経質になっている人、緊張している人、ストレスを感じている人では、一般的に通常よりまばたきの回数が増える。頻繁にまばたきをするからと言って、だまそうとする気持ちがあるとみなすのは誤りだ。正直な人でも攻撃的な質問を受ければ頻繁にまばたきをするから、単にこれらのストレスをはじめとした要因を示しているにすぎない。

43 **目を合わせる**　目の合わせ方は、文化的規範と個人的な好みによって異なっている。相手を三秒から四秒にわたって見つめ続けても許される文化もあれば、二秒を超えてじっと見つめ続けるのは無礼だとみなされる文化もある。誰が誰を見つめてよいかも文化によって決まる。米国内でさえ、目の合わせ方は出身地によって異なっている。ニューヨーク市ならば、誰かじっと見つめる時間が一秒半を超えると、侮辱していると受け取られるかもしれない。それぞれの民族や同じ文化を持つグループに、それぞれの規範がある。たとえばアフリカ系アメリカ人とヒスパニック系の子どもたちの多くは、年長者の話を聞くあいだ、尊敬の念をあらわすためにうつむくよう教えられている。

44 **目を合わせない**　人は誰かと話すのが不都合だと感じたときや、好ましくない、不愉快な、または抑圧的な人物を見つけたとき、目を合わせないようにする。たとえば刑務所内では、受刑者は攻撃的なことで知られる看守や他の受刑者とは目を合わせようとしない。このように視線を避けるしぐさには、一時的なものと長期に及ぶものがある。一時的なものでは、誰かが困惑するようなことをしたときに目をそらす。また米国では他の国と異なり、エレベーター内のように互いに身を寄せ合う状態になったとき、見知らぬ人とも知り合いとも視線を避ける傾向がある。とくに他に見知らぬ人たちがいれば、知り合いとも目を合わせない。目を合わせなくてもだましていることの指標にはならないが、恥ずかしい気持ちや困惑を示すことがある。

45

視線の優越性　世界のどこでも、地位の高い人は自分で話すときも話を聞くときも相手に視線を合わせる時間が長いという研究結果が出ている。力関係で劣る人は、これらの地位の高い人に話すときには目を合わせる時間が長くなり、話を聞くときには目を合わせる時間が短くなる傾向がある。日本をはじめとしたアジア太平洋諸国では、この傾向がより明白だ。ついでに言うと、私たちは直接目を合わせてくれる人を、とくに相手の地位が高い場合には、好む傾向がある。社会的地位の高い人が目を合わせてくれると、たとえば映画スターのように、自分が好意をもたれているように感じられる。

46

相手の視線を求める　社会生活のさまざまな場面でもデートのときでも、誰かと会話を始めたいと思う人は、「私はここにいるから、私に話しかけて」という意思を示す視線が自分に向くまで、積極的に相手の視線を求める。

47 **見つめるしぐさと感情**　恋愛関係の研究では、世界のどこで実施されたものでも、相互の感情が変化したという最初のヒントはたいてい互いを見る視線にあるとされる。言葉を交わすずっと前から、関心を強めた視線が交わされれば、やがて関係が友人を超えるものになっていくことがわかる。映画『サウンド・オブ・ミュージック』で、ジュリー・アンドリュース（マリア役）がクリストファー・プラマー（フォン・トラップ大佐役）を見つめる目がどんなふうに変化し始めたか、また映画『ラ・ラ・ランド』でエマ・ストーン（ミア役）がライアン・ゴズリング（セブ役）を見つめる目がどんなふうに変わったかが、感情の変化は言葉より先に見つめる目の変化にあらわれることを象徴している。それは映画の中だけでなく、現実の暮らしでも真実だ。

48 **誘うように見つめる**　これは、友人関係や恋愛関係で人の関心を引こうとするしぐさだ。表情の柔らかさと、つねに穏やかな目、顔、口をしながら繰り返し目を合わせようとする様子が際立つ。このしぐさがもっともよく見られるのはデート中の男女で、もっと交際を深めたい、もっと近づきたいことを相手に伝えている。私は、見知らぬ者同士が遠くから誘うように見つめ合って、憧れる気持ちを伝えている場面にも出合ったことがある。

49　**見つめるか、じろじろ見るか**　誰かをじっと見つめるか、誰かをじろじろ見るかは、大きな違いだ。じろじろ見るのは、よそよそしく、冷ややかで、対立的なしぐさになる傾向があり、相手を疑わしい、気がかりな、または異様な存在だとみている合図になる。それに対して見つめるのは、相手に快適さを感じている合図で、ずっと感じのよいしぐさだ。人は相手を警戒するとじろじろ見るのに対して、相手に興味をそそられ、歓迎する気持ちがあると、じっと見つめる。じろじろ見るしぐさは、なかでもバスや地下鉄の車内のように閉じた空間では、相手を怒らせることがある。

50　**目を閉じる**　会議中に、誰かが目を閉じてなかなか開かない場合、または急に目を閉じて通常より長い時間そのままでいる場合には、おそらく何か問題がある。これは遮断行動で、反感、心配、疑惑、気がかりを明らかにし、心理的な不快感のあらわれのひとつだ。目を開くまでに長い時間がかかるのは、深い心配があることを示す。反対に、親密な間柄で目を閉じているのは、「私はあなたを信頼していて、あなた以外のものをすべて遮断し、この瞬間には視覚以外の感覚で感じています」と言っていることになる。生まれつき目が見えない子どもも、嫌いな音を聞いたり厄介なことに気づいたりすると、目を覆うことが知られている。

51　**強調するために目を閉じる**　人は何かを強調したいとき、または意見への同意を示したいとき、一瞬だけ目を閉じることがよくある。これは言われたことに賛同する方法だ。すべてのしぐさと同じく、意見の相違を示していないことを確信するには前後関係が重要になる。

52 **目を覆う**　手や指で急に目を覆うしぐさは、悪いニュースやよくないことが起きそうな情報を知ったときのような、不愉快な出来事で引き起こされる遮断行動だ。また、否定的な感情、気がかり、自信のなさもあらわす。何か悪いことをして捕まった人でも見られる。前述の通り、生まれつき目が見えない子どもも、理由はわからないままにこのしぐさをする。祖先の進化にその基盤があるに違いない。

53 **目を閉じて鼻筋《びきん》をこする**　目を閉じながら、同時に鼻筋をこする人は、心配ごとや気がかりがあることを伝えている。これらは遮断行動となだめ行動で、通常は否定的な感情、反感、確信のなさ、心配、不安に結びついている。

54 **泣く**　泣くことは多様な個人的および社会的目的に役立ち、とりわけカタルシス（精神浄化）として感情を解放することで知られている。残念ながら子どもも、うまくごまかす道具として泣くことをすぐに覚え、大人でも同様に躊躇なく利用する人たちがいる。人のしぐさを観察する場合、泣いていても、困難に直面していることを示す他のシグナルより重視するべきではない。あまり頻繁に泣く人は、臨床的鬱または心理的に苦闘している状態の場合もある。

55 **何かを握りながら泣く**　自分の首、ネックレス、またはシャツの襟を握りながら泣く人は、単に泣いている人よりも深刻な否定的な感情を経験していることが多い。

56 **目をキョロキョロさせる**　目を夢中になってキョロキョロさせている人は、通常、不愉快な情報、疑念、不安、恐怖、心配を処理しようとしている。このしぐさを顔の緊張や顎先を引く（184を参照）などの別の情報と組み合わせれば、より正確な評価ができる。なかには、情報を分析しながら、選択肢を検討しながら、または解決策を考えながら、目をキョロキョロさせる人もいる点に注意すること。このしぐさだけでは、だましていることにはならない。

57 **視線の方向が出す合図**　人は心に浮かんだ思考、感情、疑問を処理するとき、横、下、上などに目をやる傾向がある。この動きは専門的には側方への共同性眼球運動と呼ばれている。何十年ものあいだ信じられてきた通説では、質問に答えながら目をそらしたり横方向を見たりする人はだましているとされてきたが、すでに二〇を超える研究によって誤りであることが証明されている。確かなことは、疑問を処理したり質問に答えたりしながらどこかに目をやる人は頭の中で考えているという点のみで、それだけでだましている指標とはならない。

58 **まぶたが震える**　まぶたが急に震え出すのは、何か悪いことが起きている、またはその人が何かに苦しんでいることを示す（問題が起きたときや失敗をしたときにスクリーン上でまぶたを震わせる場面がよく見られる、俳優のヒュー・グラントを思い出してほしい）。正しい言葉を探しているときや、見たり聞いたりしたばかりのことが信じられない場合にも、まぶたを震わせる人が多い。懐疑心は、よくまぶたの震えとしてあらわれる。

59 **目を指さす**　一部の文化では、人差し指で目のすぐ下を指さすことによって、疑いや不信感を伝える。だがどの文化でも多くの人たちが、じっくり考えながら、または言われたことを疑問に思いながら、目の下を軽く掻くような動作で半ば無意識に同じことをしている。外国に旅行をする機会があれば、現地の人にこの動作が何か特別な意味をもつかどうかを尋ねてみよう。ルーマニアでは、目の下を指さすしぐさは「気をつけろ、聞いている人全員を信用できるわけではない」と伝えるのに使われることが多いそうだ。

60 **目を指さす複合的な合図**　人差し指で目のすぐ下を指さす（59を参照）と同時に、アーチ型に上がった眉と強く押しつけた両唇が見られるなら、疑っている、途方に暮れている、または不信感を抱いているあらわれだ。顎先を突き出さずにグッと引いているなら、なおさら正確な指標になる。

61　**目を白黒させる**　目を白黒させて見せるしぐさは、蔑視、意見の不一致、反感を伝える。子どもは親に向かってよくこのしぐさをして、自分の主張や反抗心をあらわにする。仕事の場にはふさわしくない。

62　**まぶたを触る**　まぶたを触るしぐさでは、目をふさぐと同時に緊張を和らげることができる。誰かが言ってはいけないことを言ってしまった場合、近くにいる人たちはよく目をつぶり、まぶたを触ったり掻いたりすることがある——何か不適切なことが口に出されたという、よい指標になる。政治家が失言をして、別の政治家がそれを耳にしたとき、よく目にする場面だ。

63　**疲れきった目**　たいていの場合、疲れは最初に目にあらわれる。目とその周辺に、緊張、むくみ、荒れ、変色まで見られるようになる。長時間にわたる仕事が原因かもしれず、ストレスを受けたり泣いたりした外的要因も考えられる。

64　**遠くを見る目**　ひとりでいるときも、誰かと会話している最中でも、気が散るものから目をそらして遠くをじっと見つめれば、より効果的に何かを考えたり瞑想したりできる。人が深く考え込んでいるときや何かを思い出しているとき、邪魔をしないようにというシグナルになる場合がある。

65 **どんよりした目**　マリファナなどのドラッグやアルコール、さらにもっと危険な物質まで、目をどんより曇らせるものはたくさんある。人がドラッグやアルコールに影響されているかどうかを見定めたいなら、ろれつがまわらない、反応が遅いなど、その他のしぐさにも気を配ることが必要だ。

66 **横目で見る**　人は横目で見ることによって、疑っている、明言を避けたい、または無関心や不信感を示すことが多い。また、蔑視を意味することもある。疑惑、心配、または懐疑心を示す普遍的な目つきだ。

67 **天井や空を見る**　突然、あり得ないように思えることが起きたとき、または不運にみまわれたとき、大げさに頭を後方に反らせて空を見上げる人をよく見かける。スポーツでも、ゴルファーがパットを外したときなどにこのしぐさを見ることができる。これは信じられない気持ちのあらわれで、はるか天高くにいる誰かに助けを求めている、または同情を示してほしいと言っているかのようだ。このしぐさには多少の効用があり、ストレスによって生じた首の緊張を、首の胸鎖乳突筋《きようさにゆうとつきん》を伸ばすことで和らげるのに役立つことがある。

68 **承認を求める**　自信のない人、またはウソをついている人は、聞き手を注意深く観察して、相手の顔から自分が信じられているかどうかを読み取ろうとする傾向がある。このしぐさは必ずしもだましていることのあらわれとは限らず、言ったことに承認を求めているにすぎない。大まかに言うと、真実を語る人はただ伝えるだけだが、ウソをつく人は説得しようとすることが多い。

69 **視線を下げる**　目を合わせないしぐさとは異なって相手から目をそらすことはないが、真正面から向き合うのではなく少し視線を下げて、敬意、敬虔さ、謙遜、悔恨の念を示す。これは文化に根差していることが多く、叱られているあいだは年長者や権力のある人を見つめ返さないよう教えられている子どもたちによく見られる。アフリカ系およびラテン系の子どもたちは敬意を示すために視線を下げるよう教えられていることが多く、決してだまそうとする試みと混同してはならない。日本では、初対面の人の目をじっと見つめ続けることは失礼だとされ、少なくとも社交的な敬意をあらわすために、まぶたを少し下げる必要がある。

70 **悲しい目**　上まぶたが垂れ下がって力がないように見える目は、悲しみ、落胆、憂鬱をあらわしている。ただし、疲れのせいでまぶたが垂れ下がった場合も、同じように見えることがある。

71 **よそ見をする**　会話中によそ見をするしぐさは、前後関係に応じて判断する必要がある。友人と話しているときのように心理的な快適さがある場合は、何かの経緯を説明したり昔のことを思い出したりしながら、リラックスしてよそ見をするかもしれない。よそ見をすると詳細を思い出しやすいと感じている人は多い。よそ見は、だましたりウソをついたりしている指標にはならない。

72 **長いあいだ何かをじっと見つめる** 会話中に、相手が何かを長いあいだじっと見つめて沈黙が続くことがよくある。相手の視線は遠くの人やものに向けられている可能性があり、ただ、じっくり考えていろか情報を処理していることのあらわれにすぎない。

73 **目を細めて見る** 目を細める表情は不満や心配ごとがある人によく見られ、とくに嫌いなものを見たり聞いたりした場合にあらわれることが多い。煩わしいことが耳にはいると必ず目を細める人もいて、その人の感情を正確に映し出している。ただし、何かに焦点を合わせようとする人も、耳にしたことを理解しようとする人も目を細めるので、このしぐさの意味を読み取るには前後関係を考慮することが不可欠になる。

74 **目を細めて見る（わずかな動き）** 怒りを抑えている人は、下まぶたをわずかに上げて目を細めることがよくある。この（目を細める）しぐさの意味は、顔の緊張具合や、極端な状況ではこぶしを握りしめるなどの、他のしぐさを含めた前後関係で考える必要がある。

75

攻撃的ににらみつける　にらみつけるしぐさは、相手を威圧することや、口論の前触れになることがある。相手の目にレーザー光線のように焦点を合わせ、目をそらそうともせず、まばたきさえしなければ、攻撃性のシグナルだ。興味深いことに人間以外の霊長類も、大目に見ることができない行動を目にしたときや、身体的なぶつかり合いが生じそうになったときには、このしぐさをする。

76

怒りの目　人の怒りが明らかになるのは、通常は顔に出る一連の表情からで、まず鼻の近くで両目がはっきりと細くなり（><のように）、同時に鼻にしわが寄るか、鼻が大きく膨らみ、ときには唇が引っ込んで、食いしばった歯があらわになる。

77

目を見開く（厳しい目つき）　大きく見開いたままの目は、ストレス、驚き、恐れ、または重大な問題があることを示す場合が多い。目がこわばったように、いつもより長く見開いたままになっていれば、何かが間違いなくうまく行っていない。このしぐさは通常、外部からの刺激によって引き起こされる。

78

目を飾る　エジプトでピラミッドが建設された時代から、世界中の男女がさまざまな色で目

（まぶた、目の下、目の横など）を装飾して、自らを美しく魅力的に見せようとしてきた。人々はインク、染料、鉱物性の物質などを用いてこの文化的伝統を生み出し、その伝統は現代社会まで受け継がれている。人の心に訴えるものがあるからだ。私たちは目に魅了され、色で飾られていればなおさら強く引かれる。また、長くて濃いまつげにも引かれる――ほとんどは女性だがときには男性も、自分の魅力を増すためにまつげを強調する。

耳

かわいい耳、小さい耳、垂れ下がった耳、変形した耳、大きい耳、穴のあいた耳、飾られた耳――耳は顔から突き出し（ときには文字通り大きく飛び出していて）、音波を通した情報収集から熱の放散まで、いくつかの明らかに実用的な機能を果たしている。しかし耳はその他に、おそらく誰も思い浮かばないような役にも立っており、重要なノンバーバル・コミュニケーションの手段になっている。研究によれば、恋人同士は恋愛関係の初期の段階で、互いの耳の観察に時間を費やす――形、温かさ、手で触るとどんな感触か、さらに感情にどう反応するかを知ろうとする。耳は思っているよりはるかに多くのことを伝えており、その方法にはとても驚かされることがある。

79　耳たぶを引っぱる・揉《も》む

耳たぶを引っぱったり揉んだりすると、ストレスを感じたり何かをじっくり考えたりしているときに、わずかに落ち着きを得られる効果がある。私の考えでは、耳たぶをこするしぐさは疑い、ためらい、または選択肢をじっくり吟味している場合にも結びついている。一部の文化では、遠慮があることや、言われたことに確信をもてないことも意味する。俳優のハンフリー・ボガートは、考え込むと耳たぶをいじることで知られていた。

80　**耳が赤らむ**　耳が急に見てわかるほど赤らむ原因としては、体の他の部分（顔、首）の場合と同様、怒り、困惑、ホルモンの変化、薬に対する反応、恐怖や不安によって引き起こされた自律神経の反応などがある。耳の皮膚が、ピンク、赤、または紫がかった色に変化する。また、触ると耳が熱く感じられることもある。パーソナルスペース内に立ち入られただけで、この反応を見せる人もいる。ほとんどの人は皮膚の紅潮（充血）を自分では制御できず、人によってはとても気恥ずかしい思いをする。

81　**耳を傾ける**　話している人の方に耳を向ける、または傾けるしぐさは、懸命に聴いている、もう一度聞きたい、またはよく聞こえないことをあらわしている。このしぐさのあとには、文字通り音を集めようと、丸くした手のひらを耳の後ろに当てるしぐさが続くことがある。デート中には、とくに好きな相手の方に耳を差し出している場合、その相手が耳に親密に近づいても気にならない。

82　**聴く**　積極的に聴くしぐさは、仕事の場でも個人的な状況でも不可欠なノンバーバルで、相手に関心を持っている、相手を受け入れている、相手に共感していることを伝える。よい聞き手は順番を譲り、話す機会が来るまで待ち、他の人が話しているあいだは忍耐強い態度を保つ。それを実現するには、話を聞きたい人の方向に体の正面を向けて、両耳でメッセージを受け取れるようにする。

83　**耳を飾る**　自然のままに見える耳を装飾する、変形させる、穴をあける、色をつける、ふさぐ、または見え方を変えて文化的規範に合わせる方法は、数多くある。耳の飾りはほとんどが文化固有のもので、社会的地位、求愛の受け入れ、または集団への帰属を伝えるという、明確な目的の役に立っている。耳の飾りを見れば、その人の経歴、職業、社会的地位、立場、または人柄を、とても正確に見抜けることが多い。

84　**傷ついた耳**　熱、化学物質、トラウマによって、耳の軟骨と組織が傷つくことがある。ラグビー選手、レスラー、柔道家の耳は変形することが多く、ときには「カリフラワー耳」と呼ばれる状態になる。

鼻

すべての哺乳類は、誕生と同時に鼻で母乳を探し当て、それによって生き延びることができる。人間の鼻は誕生以降、大人になってもずっと、好きな食べものを見つけるのに役立つ一方、肺にはいってくる空気をフィルターにかけながら腐った食べものや害のあるにおいに警鐘を鳴らして、身の安全を保つ役割も果たしている。恋愛や親しい間柄では、鼻が相手のフェロモンを嗅ぎ分け、その人を好きか嫌いかを潜在意識で判断できるよう手助けしながら、ふたりを近づける役に立っている。人は鼻にピアスホールを開けることも、それぞれの文化に応じて、より細く、より幅広く、より直線的に、またはより小さく、整形することもある。鼻を取り囲んでいる筋肉はとても敏感なので、嫌いなにおいがするとすぐに収縮し、鼻にしわを作って嫌悪の感情を明らかにする。鼻は、人の外見の区別に役立ち、有害な化学物質や細菌から身を守るとともに、この項で示していくようにコミュニケーションや周囲の人々を理解するのにも欠かせない存在だ。

85 両手で鼻を覆う

両手で急に鼻と口を覆うしぐさは、ショック、驚き、確信のなさ、恐怖、疑念、または心細さをあらわしている。車の事故や自然災害のような悲惨な出来事に遭遇した人、また恐ろしいニュースを耳にした人で、見ることがある。進化心理学者は、ライオンやハイエナのような捕食者から息づかいを聞かれないように、このしぐさが適応を果たしてきた可能性があると考えている。普遍的に見られるしぐさだ。

86　**鼻の上方にしわを寄せる（嫌悪）**　嫌悪のシグナルでは、鼻の上方にしわが寄ることが多く、否定的な感情に対してとても敏感な下層の筋肉（鼻筋《びきん》）と同調して皮膚が縮まる。この表情が見られると、たいてい鼻に近い目頭の部分も細くなる。赤ちゃんは生後三か月ごろから、ときにはもっと早くから、嫌いなにおいがすると鼻にしわを寄せる。この嫌悪の合図は一生続くものだ。好きではないもののにおいがすると、音が聞こえると、あるいは単に目に入るだけでも、私たちの鼻筋が無意識のうちに縮み、真の感情を暴露する。

87　**鼻の片側だけにできるしわ**　前の項で説明したように、鼻の上方にできるしわは反感や不満の感情を正確にあらわし、ふつうは鼻の両側に見られる。ただし、これが鼻の片側だけに生じる人もいる。鼻の上方に筋肉が引っぱられると、鼻の片側だけにしわが寄り、顔の同じ側で上唇も引っぱられる傾向がある。鼻の片側だけがはっきり上方に引かれている場合、その意味は鼻の上方全体に寄るしわと同じこと、つまり嫌いという思いだ。

88　**鼻をピクッと引きつらせる（カリブ海地域の人々）**　前出の嫌悪のあらわれ（86を参照）とよ

く似ているが、ずっと素早くあらわれ、ときには二五分の一秒という短さだ。誰かを直視したときに、鼻の筋肉が急に縮んで上方にしわが寄るが、前出の嫌悪のシグナルのように目が細くなることはない。このしぐさは言葉を省略し、何も言わずに「どうした？」「何が起きた？」「何が必要？」と尋ねている。キューバ、プエルトリコ、ドミニカ共和国をはじめとしたカリブ海地域全体で、また米国内でもマイアミやニューヨークのようにカリブ海地域出身者が多い都市で見られる。マイアミ国際空港のコーヒーカウンターでは、この一瞬の鼻の動きで挨拶されることが多く、「何になさいますか？」を意味している。このしぐさを見たら、ただ注文すればよい。

89

人差し指で鼻を触る

人差し指を少しのあいだ鼻の下や横につけたままにするしぐさは、沈痛な思いや心配ごとを示すことがある。何を意味しているかを見極めるためには、別のヒントも探す必要がある。鼻にそっと触る（95を参照）、または鼻をなでるしぐさとは異なり、この場合は指が同じ場所に少し長くとどまっている。

90

鼻を軽く払う

人差し指で鼻をとても軽く、何度か払うようにするこの独特のしぐさは、通常はストレスや心理的な不快感のあらわれだが、人によっては不審や疑問に思うことについてじっくり考えている場合もある。

91 **鼻を高く上げる**　鼻をツンと上げた横顔（頭を意図的に上方に傾けて、鼻先を上に向けた顔）は、自信、優越感、傲慢さ、ときには憤りを示している。これは文化に根差したしぐさで、一部の国や社会ではとくによく見られる。地位の高い人が会議のはじめに自分の地位をあらためて主張する場合のように、優越感のシグナルの場合がある。イタリアの独裁者ムッソリーニはこの姿勢が有名で、フランスのシャルル・ド・ゴール将軍も同じだ。ロシアではクレムリンで交替の儀式を行なう衛兵が、このように鼻を高く上げる姿勢をとることで知られている。

92 **鼻を軽く叩く・合図を送る**　多くの文化で、人差し指ではっきり見えるように鼻を叩くしぐさは、「うさんくさい」「お前を信じていない」「疑問だ」「お前のことをじっと見守っているぞ」というメッセージを意味することがある。また、「あなたがいることに気づいていますよ」「あなたはとても賢いですね」「私はあなたを認めていますよ」と伝えることもある（映画『スティング』で、ポール・ニューマンとロバート・レッドフォードがこれをやっていた）。

93 **鼻の穴を膨《ふく》らませる**　鼻の穴を膨らませるのは、通常、体を使って何かをしようとする準備のためだ。だが、動揺した人、立ち上がらなければならない、外に飛び出さなければならないと感じている人、または手荒な行動をしようとしている人も、体に酸素を送り込むために鼻の穴を膨らませることが多い。警官が見かけると、その人が走り出そうとしているのがわかることがある。対人関係では、落ち着くために少しだけ時間を必要としているという指標として役立つ。

94　**鼻の下のくぼみをいじる**　鼻の下から上唇の上端まで続くくぼみのある領域は、人中《じんちゅう》と呼ばれている。ストレスを感じている人は、引っぱったり、掻いたり、なでたりしてこの部分をいじり、ときには力をこめることもある。人中には、ストレスを感じた人の汗も集まりやすいので、それを見ても心の中を推しはかることができる。歯と人中の裏のあいだに舌先を入れて、押し出す人もいる。舌でこの部分を刺激するのは、よく見受けるなだめ行動だ。

95　**そっと鼻を触る**　人差し指で鼻を軽くこするように、そっと触るなだめ行動は、隠された緊張があるのに問題ない様子を示す必要があることを示している。ストレスを感じながらコントロールを保つことに慣れているプロフェッショナルな仕事をする人で、このしぐさを見つけられる。また、弱い手を隠そうとするポーカーのプレイヤーでもよく見られる。

96　**素早く鼻で息を吸う**　悪いニュースや不快なニュースを伝えようとする人は、話を始める前に、周囲に聞こえるほど大きい音を立てながら鼻から素早く息を吸うことがよくある。また私は、迷惑な質問をされた人でも、ウソをつく直前の人でも、このしぐさを見たことがある。鼻の中の毛と神経は、湿気だけでなく空気の動きと触られることにとても敏感だ。素早く息を吸うと、鼻毛およびそこにつながっている神経末端が刺激され、厄介なことを言わなければならない、または明らかにしなければならないストレスを、瞬間的に軽減するようだ。

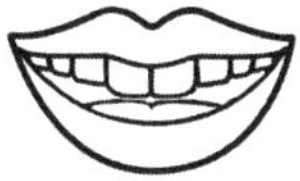

口

口は、食べる、息をする、飲むために不可欠なもので、もちろん言葉を発する場所でもある。接触や温度にとても敏感な口は、複雑な反射運動をする一〇以上の筋肉に囲まれており、それらの筋肉は触られると反応するだけでなく、私たちの思考や感情も反映する。口は誘惑的な様子も悲しい様子も、喜びに満ちた様子も痛そうな様子も見せる――そしてひとつの感情から別の感情に変化すると、それを瞬時に、正確に表現する。情報を得るには、最初に相手の目を見てから次に口を見て、心の中にあるものを示す合図をさらに探すとよい。

97 **音を立てて短く息を吐く**　口をわずかに開いてこのように息を吐くのは、大きなストレスやフラストレーションがあることを示している。悪いニュースを聞いたとき、困難な状況に直面したときに、このしぐさがあらわれる。こうして息を吐くと、とくに怒りを感じているときには、ストレスを和らげるのに役立つ。

98 **カタルシス（精神浄化）のために息を吐く**　口を閉じ、頬をふくらませてから息を吐くのは、ストレスを感じているか、ストレスが消えたばかりであることを示す。試験や面接を終えた人、またはギリギリで事故を免れた人で見られることがある。息を吐く音がよく聞こえ、97の場合よりも長くかかる。

99 **肯定の意思を伝えるために息を吸う**　急に大きな音を出しながら息を吸うと、スカンジナビア諸国、イギリスの一部、アイルランドでは、「その通り」や「はい、賛成です」を意味する独特の発声になる。これは言語上の近道で、言葉を使う必要がない。まるであえぐような大きな音を出して、素早く息を吸う。私はかつてスウェーデンで車に乗せてもらったとき、目的地に着いたかどうか尋ねたことがある。運転していた人は、音を出しながら息を吸った——肯定の意思を伝える返事だった。

100 **口角から空気を吸う**　このしぐさは見えるだけでなく、音も聞こえる。口角を急に少しだけ開いて、素早く息を吸うと、空気が吸い込まれる音が出る。戦慄、心配、不安をあらわしていると考えて、ほぼ間違いない。口のほとんどの部分が閉じているのは、その人が基本的に唇の自由な動きを制限していることを意味しており、ストレスや、場合によっては足先を誰かに踏まれたときのような痛みを示唆している。

101 **息を止める**　ウソ発見器を操作する人は、このしぐさをよく知っている。ストレスを感じると、多くの人は息を止めて、緊張した呼吸を封じ込めたいという衝動にかられる。人から言われるまで、再び呼吸を始めない場合もある。息を止めるのは、固まる、逃げる、戦うという反応の一部だ。誰かが何かを質問されて、息をするのを我慢したり、実際に息を止めたりしたなら、心細さや恐怖を感じている可能性が最も高い。

102

口が渇く　ストレス、恐怖、心細さを感じると、口が渇くことがある（専門用語では口腔乾燥症と呼ばれる）。一部の処方薬や違法薬物も、口内の乾燥を引き起こす場合がある。口が渇いたからといって、一部の人が信じているように、だましている指標にはならない。

103

口角で唾《つば》が泡になる　ストレス、薬物、病気によって口が渇くと、唾も乾燥して塊になることがある。そうした唾の塊は小さい綿ボールのように見える場合が多く、口角に集まりやすい。神経質そうに話している人の口もとで、ときにはよく目立つ。周囲の人たちにとっては、とても気が散る存在だ。自分がどこかソワソワ、ドキドキ、ビクビクしていると感じたら、口角を指先ではさんで拭う習慣をつける、また水を飲むようにするとよい。口が渇くことを専門用語では口腔乾燥症と呼ぶ。

104

ガムを噛《か》む　ガムを噛むのは効果的なだめ行動だ。力を入れてガムを噛んでいるのは、心配ごとや不安のシグナルになることがある。ストレスを感じると口の中にガムがなくても、早い動作で噛むことが習慣になっている人もいる。

105 **音声チック**　トゥレット症候群（ＴＳ）や、音声チックの一因となるその他の病気をよく知らない場合、不快な音、舌打ち、短い叫び声、咳払いのように急に音を出す様子を見ると驚くかもしれない。ストレスと不安がきっかけでトゥレットの症状が出る場合があり、本人の意志では抑えられないことを知っておく必要がある。両腕を不規則に動かす人も多い。周囲の人がじっと見ないようにするのが最適な対応で、ＴＳの人は見られるとよけいに困惑してしまう。

106 **舌を噛《か》む**　ストレスを感じると、舌や頬の内側を噛んで気持ちを落ち着かせようとする人がいる。神経性チックの症状がある人に、とくに目立って見られる。舌は傷つき、ところどころに潰瘍ができていることさえある。ストレスがかかれば、当然、このしぐさも増える。残念ながら、舌と頬を噛む癖は髪の毛を引き抜く癖と同様、病的な状態になる場合がある。

107 **口を横方向に伸ばす**　怖がっている人、または自分が間違えたと気づいた人は、口角を横方向に広げながら引き下げ、無意識のうちに食いしばった下の歯をむき出しにすることがよくある。何か大切なものを持ってくるのを忘れたことに気づいた人が、よく見せるしぐさだ。

108 **あくびをする**　あくびは、すぐれたなだめ行動になる。顎の神経、厳密に言えば顎関節の神経を刺激することによって、鬱積したストレスを解放できるからだ。また最近の研究で、あくびをして急速に空気を取り込むと口蓋の部分で循環している血液と脳に進む血管が冷やされるので、自動車のラジエーターのような働きをすることもわかっている。あくびをする人は暑すぎると感じているか、面接を受けている最中によく見られるように、大きなストレスを受けている可能性がある。暖かすぎるほどたくさんの衣服とおくるみに包まれた赤ちゃんも、体温を下げようとして、眠りながら何度もあくびをする。

109 **タバコを吸う**　喫煙者は、ストレスを感じるとタバコを吸う頻度が高まる。いつも吸っている本数との差を見れば、その人が感じているストレスの程度がわかるだろう。ストレスがあまりにも大きくなると、それまでに火をつけたタバコの本数を数えられなくなってしまう。タバコを吸いすぎると指がヤニで黄ばみ、もちろん手にはタバコのにおいが染みつく。

110 **過食**　一部の人はストレスを感じると過食になり、ときには通常食べる量をはるかに超えることがある。フットボールの試合を見ながら、気分が悪くなるほど大量の食べものを口に運ぶ人たちが目につく。応援しているチームの情勢に対する不安が、食欲を強く刺激したせいだ。

111
舌先で頬の内側を押す　舌の先を一方の頬の内側に強く押しつけて、そのままにしておくと、緊張を和らげるのに役立つ。強いストレスに直面している人、何かの情報を隠している人、または何かをうまく逃れようとしている人で見られることが最も多い、おどけた人や厚かましい人のしぐさとしてあらわれることもある。

112
舌先をちょっと出してすぐに引っ込める　舌の先を上下の歯の間から急に、ときには唇に届かないくらいわずかに出して、すぐに引っ込めるのは、「うまく行った」や「おっと、ばれた」を意味している。自分のミスに気づいた人も同じことをする。舌先をちょっとだけ出すしぐさは普遍的なもので、驚くほど一貫性があり、得な買い物をできた、余分にクッキーをもらえた、成績がよかった、大きなウソをつき通せたと言うように、何かがうまく行ったことをあらわしている。

113
舌を使う侮辱　ほとんどすべての文化で、舌を出すしぐさは相手に対する侮辱を示し、反感や嫌悪をあらわす手段として用いられる。子どもたちはとても小さいころから、相手をばかにしたいときにこの技を使う。マオリなどの太平洋諸島の戦士は、舌を大きく突き出して上下に激しく動かし、敵を威嚇したり侮辱したりする。大きく見開いた目と突き出した舌は相手を怯えさせるのに十分で、今でもマオリの「ハカ」の儀式で利用されている。

114　**舌を出したままにする**　複雑な仕事に熱中するあまり、左右のどちらかに、または下唇を覆うように、舌を突き出している人をよく見かける。私が依頼していた会計士は、計算機に数字を入力しながらこうして舌を見せていたし、大学でも試験の解答を書きながら舌を見せている学生をしょっちゅう目にする。こうして舌を出したままにするしぐさは二重の目的を持っている——なだめ行動になると同時に、今は忙しいから邪魔をするなと周囲に伝えているのだ。マイケル・ジョーダンはバスケットボールの試合中にこのしぐさをすることで広く知られ、彼の舌が見えると、まもなくツーポイントシュートが決まる。

115　**舌を口蓋《こうがい》に押しつける**　何かに苦心して取り組んでいる人は、舌を口蓋に押しつけることがある。試験中、出願書類を記入しながら、バスケットボールのシュートに失敗した直後に、あるいは心理的な慰めが必要なときに見られるしぐさだ。ふつうは口が少し開いたままになるので、周囲の人から少なくとも一部だけは舌が見える。

116　**舌先で歯を舐《な》める**　唇を舐める（145を参照）のと同様、口が渇いた人は歯を舐める——通常は、神経質になっていたり、不安や恐怖を感じたりしているせいだ。歯や歯茎、またはその両方をこするのは、世界共通のストレス解消法であると同時に、脱水症を示している可能性もある。ちなみに、口を閉じたままこのしぐさをすると、唇の内側で舌先が歯をたどっている様子が外からわかる。

117 **舌先を素早く動かす**　一部の人はストレスを減らすために、舌先を口の中で左右に素早く往復させる（頬の動きで外からわかる）。心配でたまらない、または気がかりな予想をしているせいだ。そうしている人はふつう、周囲からは気づかれていない、またはこのしぐさの意味を読み取られることはないと思っている。

118 **爪の先で歯を叩く**　爪の先で歯を叩くとストレスが緩和される。このしぐさを繰り返す人は、何かに不安を抱いているために、その不安を和らげようとしている。ただし、すべての反復のしぐさと同様、いつもしているならその人の「基準」だから、無視する必要がある――逆にそれが止まった場合のほうが重要かもしれない。

119 **歯をむく**　両方の口角を急に大きく左右に引いて、そのままにし、食いしばった歯をむき出しにする人がいる。これは祖先から受け継いだ「恐怖の笑い」で、集団を支配するオスに怯えたり恐れたりしているチンパンジーが見せる笑いに、とてもよく似ている。私たち人間は、してはいけないことをしているところを見つかったとき、このように歯をむき出しにする傾向がある。

120 **歯をカチカチいわせる**　ストレスを感じたとき、退屈したとき、または苛立ったとき、顎をわずかに動かして、口の左右どちらかで上下の臼歯を打ち合わせる人がいる。こうすることで反復する信号が脳に送られ、気持ちを落ち着かせるのに役立つ。

121 **声の調子**　声の調子は、相手を快適にすることも、相手に強く迫るように感じさせることもある。声の調子を変えることによって、自分がどう思われるかを変えたり、印象を強めたりすることもできる。声の調子次第で、いい人、優しい人、親切な人、愛らしい人、聡明な人という印象を与えることもあるし、その逆に、疑わしい人、怒っている人、あるいは尊大な人に見えることもある。声の調子はとても大きな違いを生み出す。皮肉なことに、人の注意を引きたいときには声の調子を下げるのが最も効果的だ。低い声は人を落ち着かせる効果もあり、子どもを寝かしつけようとする親がそれを裏づけている。

122 **声の高さ**　神経質になると声が高くなりやすい。ストレスを感じている人、苛立っている人、または自信がない人の声は、一段と高くなったり震えたりする。これは声帯の緊張によるものだ。

123 **語尾を上げる**　平叙文の文末を、まるで疑問文のように上げて話す人がいる。研究によれば、電話中に一度だけでも語尾を上げて話せば、聞き手に対してマイナスの影響を与える可能性がある。

多くの若者のあいだでは語尾を上げる話し方が流行しているとはいえ、言っていることが不確かに聞こえて信頼性に欠けてしまう。

124 **どもる・口ごもる**　病的にどもる（話そうとすると同じ音を何度も繰り返す）場合がある。二〇一〇年の映画『英国王のスピーチ』でコリン・ファースが演じて有名になった英国王ジョージ六世のように、一部の人にとっては消耗性の疾患だ。だが病的にどもっているのではない多くの人の場合、強度のストレスや不安によって一時的にどもったり、口ごもったりすることがある。

125 **返答が遅れる**　質問に対して返答が遅れるのは、ウソをついているか、信じてもらえそうな答えを考え出そうとして時間を稼いでいる証拠だと、誤って信じている人が多い。残念ながら正直な人も不正直な人も返答が遅れることがあり、その理由は異なっている。やましい人は何を言うべきかを考えなければならないかもしれないが、正直な人はどうすれば最適な言い方になるかを考えているかもしれない。私の経験では、返答の遅れには注目すべきではあるが、だましていることを示すものではない。一部の文化では、たとえば多くのアメリカ先住民のように、質問の複雑さとニュアンスをじっくり考えて返答が遅れることがよくある。ストレスや疲労も遅い返事の原因になる。正式な審問でも、審問の重大さのせいで返答が遅れる場合がある。

126

沈黙する　長い沈黙や意味深長な沈黙は、多くを物語っていることがある。ときには情報を思い出せなくて、あるいは何かをじっくり考えていて、意識せずに沈黙する。だが非常に意図的な沈黙もあり、たとえば交渉の場では一時的に沈黙を保って、交渉相手に何かを言わせようとすることがある。また、じっくり考えている、思い出そうとしている、検討している、考えを整理している、または窮地に追い込まれていることを伝えるために、沈黙を利用することもできる。すぐれた俳優はこれを効果的に利用するし、インタビュアーも同じだ。

127

沈黙して身を固くする　人が急に沈黙して動きを止めたら、または何かを見たり聞いたりして呼吸の様子が変化したら、注意しなければならない。これは何かショックな、またはそれまで知っていたり確信したりしていたことを考え直さざるを得ない、否定的なことへの反応だ。

128

邪魔をする議論　会議や会話を中断させることだけを目的とした議論は、それ以上話し合いを続けさせないテクニックとしてよく利用される。この場合、人の気を散らす、または反感を買うノンバーバルは、使われる言葉ではなくて繰り返される割り込みのほうになる。このテクニックは会話を進めるものでも明快にするものでもなく、怒らせる、怯えさせる、または相手に感情的な「攻撃」を加えることを意図しているのは明らかだ。私はこれを組合の会議で何度も目にし、組合員が話を中断させていた。

129 **精神浄化（カタルシス）を促すように声を出す**　カタルシスを目的として息を吐くと、言葉を発しそうになるものの、言葉にはならない。「おーーー」や「うーーー」という声が出るだけだ。これらがノンバーバルとみなされるのは実際に言葉が話されないからだが、周囲にいる人はその意味を直観的に理解することが多い。声はたいてい意味をなさず、とくに外国人にはまったくわからないものの、誰の感情を害することもなくストレスを発散するのに役立つ。

130 **話す速さ**　人がどれだけ速く話すかは、重要なノンバーバルの指標になる。米国では地域によって、人々はとてもゆっくり慎重に話す、または早口で歯切れよく話す。こうした話し方がその人の個性についての情報をもたらし、出身地、通った学校の場所などがわかる。話す速さがいつもと違う場合は、ストレスか、微妙な質問に答えたくない気持ちを示していることがある。

131 **途切れない話**　誰でも、話がいつまでも止まらないように思える人に出会ったことはあるだろう。そういう人は、ただ神経質になっているだけの場合もあるし、周囲の人への思いやりがなく、自分のことしか考えていない場合もある。

132 **矛盾した話**　事故や悲惨な出来事に出合ったばかりの人は、矛盾した話をし始めることがある。

これは、ストレスのせいで脳内の感情をつかさどる側が打ちのめされた結果だ。事故や悲惨な出来事の状況によっては、何時間も何日も続く場合があり、戦闘地帯の兵士や難民で見られる。

133

単語を繰り返す　強いストレスにさらされると、同じ語を無意味に何度でも繰り返す人がいる。こちらから別のことを言わせようと努力しても無駄だろう。まるでループにはまっているかのように見える。私は以前、人が自動車にはねられたばかりの場面に出合ったことがあるが、被害者が恐怖の表情を浮かべながら「金属、金属」と何度も何度も言っていた。

134

返答の速さ　質問されると、ゆっくり時間をかけて答え始め、言葉を止め、また続ける人がいる。質問が終わらないうちに答え始める人もいる。どれだけ速く答えるかは、その人がどんなふうに考え、どんなふうに情報を処理しているかについて、何かを伝えている。

135

言いたいことを早口で済ませる　質問に答える場合、素早ければよいとは限らない。謝るときに早口で終わらせるると、謝罪の意味が消えて、機械的に作文をしたかのように見えてしまう。人を褒めるときや歓迎するときも同じだ。このような場合こそ、ゆっくり時間をかける必要がある。謝罪や人を認める発言を早口で終わらせる人は、社会的な不安がある、気がすすまない、または確信がないことを示している。ここでのノンバーバルは話すスピードだ――大切なことにざっと目を通したただけで終わらせているように見える。

136 **言葉をつなぐ音**　「ああ」「えーと」「ええ」などの発声、咳や咳払い、ためらいがちな語を絞り出す人は、一瞬言葉を失い、その時間を少なくとも音で埋め合わせなければならないと感じている。アメリカ人は、何を言おうか考えている、適切な語を見つけあぐねている、以前のことを思い出すまで時間を稼いでいるとき、つなぎの音で埋め合わせることが多い。これらは実際の語ではないので、パラ言語またはノンバーバルとみなされる。

137 **咳または咳払いをする**　難しい質問への返答や対応が必要なとき、人はよく咳や咳払いをする。答えるのが困難な質問、返事に手加減が必要な質問を受けると、咳払いが出る。私の観察によれば、ウソをついている人は咳や咳払いをすることがあるものの、だましていることの信頼できる指標にはならない。正直な人も、神経質になったり緊張したりすると同じことをするからだ。

138 **イライラして口笛を吹く**　口笛は、カタルシス（精神浄化）のために息を吐く（98を参照）ひとつの形式で、ストレスを和らげることができる。気持ちをなだめるのに役立つので、暗い道や人気のない場所をひとりで歩く人、または不快なほどの孤独感にとらわれている人は、口笛を吹く傾向がある。映画や漫画の登場人物は、墓地を通るときに心細さを追い払おうとして口笛を吹いていることが多い。

139

舌打ちする　舌先と歯を使って出す舌打ちの音は多くの地域社会で、意見の不一致を表明する、悪いことに注意を呼びかける、または相手に何かをやめさせるために用いられる。舌先を上の前歯の裏側と口蓋の間に当ててから素早く吸い込むと、鋭い舌打ちの音が出る。一本の指を左右に揺らしながら舌打ちをして、誰かが悪いことをしたのに気づいたと伝える場面をよく見かける。子どもの行儀が悪いと、親はしきりに舌打ちする。

140

声を上げて笑う　声を上げて笑うのは、楽しさ、幸福感、喜びの普遍的なあらわれだ。人が笑うときにはストレスが小さく、痛みも感じていないことを誰でも知っている。実際に笑うという行動は、進化の上で身を守る利点があるから生まれた可能性がある。もちろん数多くの異なる笑いがあって、ほんとうに愉快な冗談を聞いたときに抑えきれない高笑い、子どもたちの嬉しそうな笑い声、上司にへつらおうとする人たちのこびるような笑いなどがその例だ。人の笑い方はさまざまなことを物語っており、不確かな場合は、感情のほんとうの深さと前後関係をよく確かめる必要がある。

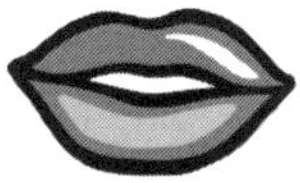

唇_{くちびる}

スマートフォンで自撮りをするときには唇をしっかり閉じ、魅力的に見せたいと思えば口紅を塗る。年齢を隠すためにコラーゲンを注入し、湿り気を保つために舐める。私たちの唇は神経末端を豊富に備えているため、圧力、熱さ、冷たさ、風味、柔らかさ、さらに空気の動きまでを感じることができる。感覚だけでなく、感情にも訴えることができる。唇は気分、好み、さらに恐怖まで伝えられる。人は唇を飾り、揉み、ボトックス注射をし、もて遊び――そう、唇でキスもする。唇はある意味、私たちを人間という独特の存在にしているもののひとつだと言える。

141

ふくよかな唇

唇は私たちの感情の状態に応じて、見え方や大きさが変化する。ストレスを感じている人では小さくなり、快適さを感じている人では大きくなる。ふっくらとしてしなやかな唇は、くつろいで満足していることを示す。ストレスが強まると、唇の血液は必要とされる体の別の部分に流れていってしまう。唇のふくよかさは、その人の感情の状態を示すバロメーターとして役立つ。

142

指を唇につける

唇を指で覆っているときは確信のなさや疑いを示すことがあり、前後関係を考える必要がある。なかでも対応が必要な質問を聞いている人では、このしぐさに注目すること。問題をじっくり考えている人も、このしぐさをする。人によってはあらゆる状況で頻繁にすることも覚えておかなければならない——親指をしゃぶっていたころを思い出させるストレス解消法で、どう推測するかについては注意が必要だ。

143　**唇を引っぱる**　唇をつまんで引っぱるしぐさは、通常は恐怖、疑念、心配ごと、自信のなさ、その他の困難に関連している。時間をつぶすためにいつもしている人の場合は無視すること——そのような人ではなだめ行動になっている。滅多に見られない人ならば、何か不都合を感じているよい指標だ。

144　**唇を噛《か》む**　唇を噛むのはなだめ行動で、ストレスを感じている人、心配ごとがある人によく見られる。ある程度の年齢になると親指をしゃぶるのは社会的に受け入れられないので、代わりに唇を噛み、口の中で同じ神経を刺激する。何かを言いたいのに言えない、または言ってはいけない場合にも、唇を噛むことがある。一部の人が怒って唇を噛むのは、自制のためであることにも注意を要する。

145　**唇を舐《な》める**　舌先で唇をこすると、唇を噛むのと同様に、気持ちをなだめるのに役立つ。このしぐさは通常、心配ごと、不安、または否定的な感情と関連しているが、単に唇が乾燥しているだけの人もいるので、結論を導く前に注意すること。ただし一部の人では、大きなストレスがかかっているという、とても信頼できる指標になる。私は教師の立場から、十分な準備をしないまま試験会場に座る学生でいつも目にしている。

146 **唇をすぼめる**　唇をすぼめるしぐさは、ほとんどの場合、不愉快な考え、心配ごと、恐怖、不安、自信のなさのあらわれだ。問題を処理するときやストレスを経験しているときには、唇がすぼまる傾向がある。

147 **唇を固く結ぶ**　私たちは一日を通して、否定的な出来事や不愉快な考え、心配ごとに出合うと、唇を薄くして固く結ぶ。ほんの一瞬であっても、これは心のなかの心配を正確に伝えるしぐさだ。ほんのわずかにわかる程度のこともあるし、血液の巡りが悪くなって色が変わるほど強く結ぶこともある。非常に短時間（二〇分の一秒）の場合もあるが、否定的な感情が急に襲ったことを正確に示している。

148 **唇を軽く結ぶ**　唇を軽く結ぶしぐさは、他の人への苛立ちをあらわすことがある。上下の唇を用いて固く結ぶしぐさとは異なり、この場合は上唇だけを用いる。それでもボディー・ランゲージの他の部分と組み合わせて考えれば、唇を軽く結ぶ様子は何かの心の動きを明らかにしている。

149 **唇を固く結んで歯に押しつける**　人が大きな間違いをしたとき、または何か悪いことをしているところを見つかったとき、このはっきりしたしぐさを見ることができる。唇を固く結んだまま、唇周辺の筋肉を収縮させて口全体を少し下げる。上唇が鼻から離れて、口のまわりがしっかりと歯に押しつけられているのがわかる。

150 **唇を固く結んだまま動かさない**　唇を長いこと固く結んだまま動かさず、力をゆるめようとしない人は、強いストレスや心配ごとがあることを伝えている。唇を固く結ぶしぐさは、ある意味では防備を固めるもので、両手で目を覆って不愉快なものを締め出すのとよく似ている。緊張や心細さが激しいほど、唇を固く結ぶ必要性が高まる。

151 **唇が見えない**　大きな心配ごとや不安があると、唇を口に引っ込めて見えなくしてしまう人がいる。このシグナルは、唇の大半が見えたままで固く結ぶしぐさ（147を参照）とは大きく異なり、深刻なストレス、大きな肉体的苦痛、または激しい情緒不安に襲われていることを示す場合が多い。

152 **唇を震わす**　アルコールの影響や神経疾患がないのに、ほんのわずかであっても唇の端が震えているのは、不快感、心配ごと、恐怖、その他の問題があることを示している。若者が親や権威ある立場の大人から詰問されると、唇を震わせることがよくあり、警察官と面と向かって話した経験のない正直な人も同じだ。人事担当者に聞いた話では、一部の若者は違法薬物を使っているかどうか質問されると、唇を震わせるそうだ。

153

唇を固く結んで口角を下げる　唇を固く結んで口角を下げている人の場合、感情的な状況は非常に悪い。これは大きなストレスと不快感のはっきりした指標になる。この表情のふりをするのは難しいので、とても正確なシグナルだ。ただし、普段から口角が下がっている口の人もいるので注意すること。悲しい口（156を参照）に似ているが、この場合は唇が固く結ばれているか、まったく見えなくなっている。

154

唇をすぼめて突き出す　人は何かに同意できないとき、または代案を考えているときに、唇をすぼめて突き出すしぐさをする。聴衆が話し手の言っていることに異議を唱えたいとき、または誤りだと知っているときに、この表情がよく見られる。唇の突き出し方が大きければ大きいほど、否定的な感情や意見が強い。ポーカーの対戦中にも、ホールカードが気に入らないプレイヤーの顔にあらわれる、とても信頼性の高いしぐさだ。

155

唇をすぼめて横に寄せる　唇をすぼめて突き出すしぐさに似ているが、その唇を顔の横方向に力いっぱい引き寄せるので、表情が大きく変化して見える。ふつうは一瞬で消えるが、意見の相違が大きければ、そのまま数秒間続くことがある。「ここには大きな問題がある。尋ねられたこと、今聞いたこと、または問題のなりゆきを、私は気に入らない」と伝える、強調されたしぐさだ。これが目立てば目立つほど、長ければ長いほど、意見が強いことを示している。O・J・シンプソン裁判で、目撃者のケイトー・ケイリンが証言しているときの表情、二〇一二年夏のロンドン・オリンピック大会で、米国の体操選手マケイラ・マロニーが跳馬決勝の二位に終わったときに表彰式で見せた表情は、これをはっきりと示していた。

156

悲しい口　口は目と同じように、私たちの感情の起伏を覗き込める窓の役割を果たしている。悲しいときは両方の口角が少し下がることが多く、同時に上まぶたも下がるのがふつうだ。魚の「カサゴ」の口や顔にたとえられることがある。人によってはこの表情が自然なもので、いつも口角が下がっていることもあるので注意する。その場合には、否定的な感情とはまったく関係がない。

157

唇を丸くO《オー》の形にする　驚いたときや激しい苦痛を感じたとき、唇が無意識のうちに丸まって、アルファベットのOの形になることが多い。理由ははっきりわかっていないが、文化の違いを超えた普遍的なしぐさらしく、驚いた霊長類と共通の、大昔の反応が退化したものかもしれない。最もよく知られているイメージは、エドヴァルド・ムンクの絵画『叫び』だ。

158　**口を開いて顎骨を横にずらす**　顎の力が抜ける（179を参照）のと同じく、何か悪いことをしてしまったときや、自分の間違いに気づいたときに見られるしぐさだ。片方の口角を横に引いて、顎骨をその方向にずらすと同時に、そちらの側で食いしばった下の歯がむき出しになる。学生たちはよく、知っていなければならないとわかっている質問の答えを間違えたときにこの表情で反応する。会社員が任務を達成できなかったときにも見られる。このしぐさには、くいしばった歯の間からすばやく息を吸う動作が伴うことがある。

159　**笑顔**　心からの笑顔は瞬間的に、確実に、善意と友情を伝えることができる。笑顔は世界中どこでも、心の温かさ、友好的な気持ち、社会的な調和のシグナルだ。誰かの笑顔を見ていると、なかでも赤ちゃんの笑顔を見ると、喜びを感じられる。家族間でも、恋人同士でも、仕事の相手とでも、笑顔は扉を開き、心も開いてくれる。知り合いではなくても近くにいる人への社交的な笑顔、受験生の緊張した笑顔、好意を装っている人や快適なふりをしている人の偽りの笑顔など、さまざまな笑顔がある。

160　**真の笑顔**　笑顔は多くの研究のテーマになっており、本物の笑顔には口だけでなく目の周辺の筋肉も動員される。ボディー・ランゲージを研究したポール・エクマンによれば、これはデュシェンヌスマイルと呼ばれるものだ。真の笑顔では、顔の筋肉が緊張ではなく実際の喜びを反映し、顔がよりリラックスして見える。真の笑顔は、仕事の環境でも個人的な環境でも実際に「人から人へと広がる」ことが研究で実証されており、カリスマ的な人物と関連づけられることが多い。

161 **偽の笑顔**　偽の笑顔は、神経質な笑顔と同じように、すべてがうまく行っていることを相手に信じさせようとする認知操作に用いられる。ただし、真の笑顔と偽の笑顔を見分けるのはとても簡単だ。偽の笑顔では、顔の片側だけで笑っている、または目ではなく耳の周辺で笑っているように見えることがあり、なんとなく不自然に感じる。真の笑顔では、顔の両側で目と顔の筋肉が自然に加わっている。

162 **神経質な笑顔**　神経質な笑顔や緊張した笑顔は、不安、心配ごと、ストレスをあらわしている。神経質な笑顔は、何も問題はないと周囲に思わせるためのものだ。空港の税関を通過しようとする旅行客はよく、質問する係官に対して神経質な笑顔を見せる。

163 **感情のバロメーターとしての笑顔**　笑顔は、心の中の感情をどれくらい正確にあらわしているのだろうか？　とてもよくあらわしている。研究によれば、スポーツ選手の笑顔は結果が一位だったか、二位だったか、三位だったかによって大きく異なる。興味深いことに、他の人の笑顔を実際に見たことのない生まれつき目が見えない運動選手の笑顔にも、同じ違いがあらわれる。彼らの笑顔は成功を手にしたか手にできなかったかを反映するもので、ここでも多くのノンバーバルが脳と深く結びついていることが裏づけられている。

164 **口角に力を入れてつり上げる**　一方の口角をしっかり閉じ、少し横に引きながらつり上げているのは、うぬぼれ、軽視、嫌気、疑惑、軽蔑などをあらわしている。軽蔑の気持ちがあからさまならば、このしぐさは大げさになる場合があり、ほんとうの感情であることに疑いの余地はなくなる。口角に力を入れてつり上げるしぐさは、ほとんど口の片側だけに見られるが、一部に口の両側をつり上げる人もいて、その場合も意味は同じだ。

165 **上唇を上げる**　嫌悪、否定的な感情、軽視、反感などがあると、口の片側だけで上唇の隅がわずかに上がる、あるいは「テント」のように上向きの三角に近い形になる。その感情が強い場合は、つり上がったことがはっきりわかり、上唇が鼻の方向に変形して歯が見え、ほとんど歯をむき出しにして唸っているような表情になる。これはひどい反感や嫌悪のサインだ。

166 **舌先で上唇を舐《な》める**　上唇を舌先で何度も左右に舐めて、肯定的な感情をあらわす人がいる。

その場合の舌は本質的に重力に逆らっているので（上唇に向かっている）、肯定的な感情が伴っている場合が多いと考えられる。通常の、下唇を舐める場合とは区別する必要がある。下唇を舐めるのはストレスの緩和に関連している。すべてのボディー・ランゲージの指標と同様に例外があり、ストレスを緩和するために上唇を舐める人もいるので、結論を出すためにはその他のしぐさを探して確認する必要がある。

頬《ほお》と顎《あご》

頬《ほお》はただそこにあるだけ、顎《あご》骨は何かを噛《か》むときと話すときに使われるだけ、と思っている人が多い。つまり、ボディー・ランゲージの研究では役に立たないと思っているようだ。だが頬と顎は、私たちの顔に人間独特の形状をもたらしている。人々は強そうな顎骨をもったリーダーを探し、ファッション業界は頬骨が出ているモデルを探す。メーキャップでは頬にきれいな色を施して魅力を増し、顎にはひげを生やして顔の空白を埋める——リンカーン大統領が顎ひげを生やしたのはそのせいだ。興奮や困惑で紅潮した頬から、不安を感じたときに横にずれる顎まで、これらのふたつの部分は確実に何かを伝えており、見落としてはいけない。

167　**顔面のチック**　顔面のチックは顔のどこが動くかわからず（頬、口角、目、額）、個人個人で異なっている。神経質にピクッと引きつる動きが見えた場合、ふつうは緊張や不安によって生じるものだ。ただし顔面のチックが起きる場所は、相互接続の筋肉が横切っている頬または頬の近くが多い。

168　**手や指で頬を押す**　指で頬を強く押すのは、ストレスを和らげる感覚を得られるからだ——押すことで自分の皮膚にへこみを作る。押す強さによっては、とても目立つしぐさだ。スポーツの試合で、応援しているチームの戦いぶりが思わしくない場合によく見かける。片手または両手を使って頬を強く押すことも、顔の片側だけを数本の指先で押すことも、親指と人差し指または中指を使って頬をつまむこともある。

169 **頬または顔を揉《も》む**　頬や顔を揉むと、ストレスの緩和に役立つ。ふつうはとても軽く揉み、何かに思いを巡らせている場合もある。正確に判断するためには、他のしぐさとあわせて考えることが必要だ。

170 **指先を頬の上でパラパラと動かす**　頬に触れながらギターをつま弾くように指先をパラパラと動かしている人は、退屈して、ものごとを先に進めたいと思っている。このしぐさは、退屈そうに見えたり、椅子にじっと座っていないで体を動かしたりしている、他のしぐさを合わせて考えるようにすること。

171 **伸ばした親指と人差し指で頬を囲む**　伸ばした親指の上に顎をのせ、人差し指を上に向けて頬の横に沿わせるしぐさだ。ふつうは片手だけを使い、何かをじっくり考えているか、物憂げに見せたいと思っている。話し手の言っていることを疑っている場合にこのしぐさをする人もいる一方、ただ自分の集中力を助ける手段として利用する人もいる。さらに、興味があることを遠くから示すのに効果的なポーズにもなる。

172

頬をふくらます　息を吐かずに頬をふくらますしぐさは、疑念、熟考、警戒をあらわすことが多い。次に何をすべきか確信がない、または何かが気にかかっている人でよく見られる。問題を解決する方法を考えつくまで、かなり長いあいだ頬をふくらませたままでいることも珍しくない。

173

頬をこっそり触る　人差し指の先でわずかに頬をこすって、人目を避けながらなだめ行動をする人は、頬の感触でストレスに対応している。たとえば鼻をそっと触るように、なだめ行動を隠そうとするのは、確信のなさや不安、気がかりを、隠そうとしているからだ。ひそかに頬を触るしぐさは、テレビでインタビューを受けている人やポーカーのプレイヤーでよく見られる。

174

頬を掻《か》く　頬を掻くのもなだめ行動で、疑念や確信のなさをまぎらわす方法だ。頬をこっそり触るしぐさは、意味が隠されているせいでより正確になる傾向があるが、このしぐさは力を入れて頬を掻いているように見える。それでも四本の指で頬を掻く場合は、遠慮、躊躇、当惑、心細さをあらわすことが多い。

175 **口角をつまむ**　指先を使って口角を強く押したりつまんだりすると、ストレスが和らぐ。満足している人、くつろいでいる人では、このしぐさはほとんど見られない。手や指で頰を押す（168を参照）しぐさとは異なる。親指と他の指を使って、左右両側から頰の肉づきのよい部分を押して口角のほうに引き寄せ、ときには一方または両方の唇までいっしょにつまむ。

176 **頰を拭く**　大きなストレスにさらされた人が両手を顔に押し当て、まるで顔を拭くように下方向に動かす様子がよく見られる。このしぐさは通常、耳の前の位置から始まって顎骨の近くで終わる。頰を押しつける力が強いほど、時間が長いほど、感じているストレスは大きい。株式市況が悪かった日に取引終了のベルを聞いた株式仲買人や、終了直前にチームの負けが決まった試合で、私はこのしぐさを見てきた。

177 **顎骨に力が入る**　人が動揺したり、怒ったり、恐れたりすると、耳の近くにある顎の筋肉に力が入りやすい。ストレス、抵抗、感情が高まってきたときには、顎全体の緊張に目を向けるとよい。

178 **顎を左右にずらす**　顎骨の位置をずらす、または（左右に何度も）動かすのは、効果的なないい、なだめ行動になる。ただの癖になっている人もいるので、いつ、どれくらいの頻度で起きるかに注目し、確認のためにいつもと異なるその他のしぐさも探すようにすること。ほとんどの人はめったにしないため、もし誰かがしているのが目に入れば、何かに煩わされていることをとても正確に伝えている。

179 **顎の力が抜ける**　急に顎の力が抜けて口が開き、歯がむき出しになったなら、大きな驚きを伝えている。ショックを受けた人、または困惑する新事実に直面した人に、よく見られるしぐさだ。顎の力が抜ける理由はよくわかっていないが、心から驚いたことをとても正確に示す。

180 **顎の筋肉が脈打つ**　顎の筋肉が脈打っている、震えている、またはこわばっていることがはっきりわかる場合は、焦り、緊張、心配ごと、気がかり、怒り、または否定的な感情があることを示している。

181 **顎骨を突き出す**　私たちは怒ると顎を動かすか、少し前に突き出す傾向がある。上まぶたが下がる、または唇が緊張する表情とあわせ、このしぐさは無意識にあらわれるので、人が怒りをすっかり隠しておくのは難しい。

顎先
<small>あご さき</small>

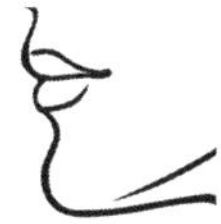

赤ちゃんの顎《あご》、丸い顎、四角い顎、たるんだ顎、強そうな顎、えくぼのある顎、かわいい顎、傷のある顎と、さまざまな状態と形の顎がある。顎先は私たちの顔を守り、必要があれば首も守ってくれる一方で、誇りから恥ずかしさまで、心のなかにある感情を伝える存在でもある。みんなの顎が下がっているときには、「顎を上げて！＝元気を出して！」と声をかけ、兵士は顎先を高く上げて堂々と国旗に敬礼する。簡単に言うなら、自信があるときも、驚いたときも、問題を抱えたときも、感情的に圧倒されたときも、顎先は私たちの心の状態について多くを語っている。

182 **顎を上げる**　顎先が突き出して上がっているときには、自信があることを伝えている。「顎を上げて！」と声をかけるのは、そのためだ。ヨーロッパの一部の文化（ドイツ、フランス、ロシア、イタリアなど）では、顎がいつもより高く上がっていると、自信、誇り、場合によっては傲慢な気持ちを示す。

183 **顎を下げる**　質問されたときに急に顎先が下を向いたなら、自信がないか脅威を感じている可能性が最も高い。人によっては、これがとても信頼できる手がかりになる。悪いニュースを聞いたり、苦しいことや不愉快なことを考えたりすると、顎が文字通り下を向く。

184 **顎先を引く**　気がかりや不安があると、人は本能的に顎をできるだけ首の近くまで引き寄せる。これは急所を守る自然な行動だ。確信のなさ、疑い、あるいは恐怖の、はっきりした指標になる。質問した相手にこのしぐさが見られたなら、未解決の深刻な問題がある。子どもが、しなければよかったと思っていることについて尋ねられたときによく顎先が下がるのは、後悔しているあらわれだ。同じ反応を見せる大人も多い。

185 **顎先を隠す**　子どもに多いしぐさで、困惑していることを隠している、他の人に対する不満を伝えている、または動揺していることをあらわしている。顎先を前から見えなくなるほど奥に隠し、たいていは腕組みをして、顎を上げることを拒む。大人の場合には、男性同士が向かい合って互いに顎先を隠し、両者が相手に対して怒っていたり怒鳴っていたりする場面がある。これは暴力的な衝突に備えて首を守るのに役立つ。

186 **前かがみになって肩をうなだれながら顎先を落とす**　これも親にとっては見慣れたしぐさで、子どもが肩を前かがみにして顎を下げたり隠したりするのは、「そんなこと、したくない」と言っているのと同じだ。そのうえ腕も組んでいるなら、その子は断固としてしたくないと思っている。

187 **顎先を触る**　人は考えているとき、または何かを評価しているときに、顎を触る。指先で触ることが多い。必ずしも疑念を示しているわけではないが、その人が情報を処理している場合には注目する必要がある。唇をしっかり閉じるといった別のしぐさと組み合わさっている場合は、何か否定的なことや、これまで話し合われていたことの代案について、熟考しているあらわれだ。

188 **手の甲で顎先を軽く払う**　多くの文化で、このしぐさは自分に対して言われていることへの疑念をあらわす。それと同時に唇をすぼめて突き出すこともある。左右の方向に払う場合と、顎の後ろから前に向かって払う場合がある。

189 **手のひらに顎をのせる**　手のひらに顎をのせて顔の筋肉をゆるめている人は、退屈している。けれども法執行機関の立場から見ると、状況に応じてさまざまに異なる可能性をもつしぐさだ。私はある事件の捜査で、犯罪者がひとりで部屋に座っているとき、このポーズをとるのを見た。警察当局者に、自分たちはまったく潔白で退屈しきっていると思わせようとする、一種の認識操作だった。

190 **両手の握りこぶしで顎を支える**　両手の握りこぶしで顎を支えながらひじを広く開いてテーブ

ルにつけ、遠くやコンピューターの画面をじっと見つめる。たいていは額にしわを寄せたり、目を細めたりしている。これは何か難しいことを考えているか、瞬間的に怒りを感じているしぐさだ。誰かがこのポーズをとっているのを見たら、そっとしておくのが賢明だろう。

191 **顎先を左右に動かす**　手のひらを添えた顎先を左右に動かすしぐさは、無意識に意見の不一致を伝えている。会議の席上でテーブルを囲み、参加者たちが手のひらに顎をのせて左右に動かし、黙って不満を示しているのをよく見かける。

192 **ひげをなでる**　鼻の下や顎のひげをなでると、とても効果的にストレスをなだめることができる。普段から繰り返される他のしぐさと同様、頻繁に見かける場合は無視すること。ひげをたくわえている人では癖になっている場合がある。誰かが急に、はじめてそうするのを見た、または何かを聞いたあとで回数が増えたのに気づいたら、その人はおそらく問題を抱えている。また文化的な背景も考慮に入れる必要がある。たとえば中東では、多くの男性がおしゃべりで暇をつぶしながら、ひげをなでるのが一般的だ。顎ひげを生やしている男性の多くは、挨拶の短い言葉を交わしながらひげをなでて、気持ちを落ち着かせていることに注意する。

193 **顎先にくぼみができる**　ストレスや感情的な混乱を感じている人、または泣きそうな人では、顎先にえくぼが生じる。いつも平然としている人でも同じだ。

194 顎先の筋肉が震える

顎先の筋肉が急に震えるのは、恐怖、心配ごと、不安、心細さをあらわしている。泣き出しそうな人でも、同じように顎先の筋肉が震える。デヴィッド・ギヴンズ博士によれば、顎先を覆って皮膚を震わせるオトガイ筋は、私たちの感情を最もよく映し出す筋肉のひとつだ。顎先は目より先に感情的な混乱を外に見せることがある。

195 顎先を肩につける

困惑した人や、感情的に傷つきやすくなっている人が、顎先を肩につける場面がよくある。まるで子どものように顎先を片方の肩につけて、恥ずかしそうな様子を見せる。質問に答えながらこのしぐさをする人がいたら、とくに注意をしなければならない。その人はある話題について話すのをとても難しく感じていることを意味し、おそらく打ち明けたくない知識があるからだと考えられる。

196 顎先で方向を示す

多くの文化で、首を伸ばすようにして顎先を上げながら、ひとつの方向を指すことがある。これは指で方向を指す代わりのしぐさで、カリブ諸国全域、メキシコと中南米諸国、スペインの一部、中東諸国、および多くのアメリカ先住民特別保留地で見ることができる。

顔

これまでに顔の個々の部分を取り上げてきたが、一部のしぐさは顔全体として考えるほうがわかりやすい。人間は顔からたくさんの情報を集められるように進化してきた。とりわけ目と口は注目を引く。私たちは好きな人を見るとき、ふつうはその人の目と口に交互に視線を合わせる。人の目と口は、たくさんの情報を伝えてくれるからだ。母親と赤ちゃんは互いの顔を何度も何度も読み取って相手の表情を心に刻み、情報を集め、絆を深める――恋人同士がカフェでそっと互いの表情を読み取るのも同じだ。私たちはごく自然に、人の顔に魅了される――世の中で最も有名な顔であるモナ・リザが数え切れないほどの言葉で描写されているのは、その表情があまりにも謎めいているからに他ならない。こうして私たちは人の顔について知りたいと思い、何か特別な表情が見えると気持ちを引かれる。顔はその人の感情、思考、感覚を伝えるので、私たちは日々の暮らしのあらゆる場面で絶えず人の顔から合図を探そうとする。「千もの船を浮かべた顔」とギリシャ人が詩に書いたとき（マーロウの詩で詠われた、トロイ戦争の原因になった絶世の美女ヘレネーの顔）、それは隠喩であると同時に、まったくほんとうのことでもあるようだ――それも、顔のもつ力だと言える。

197 **相手の顔を見ない**

じつにさまざまな理由から、私たちはときに他の人の顔を見ないようにする。すぐそばにいる人も例外ではない。これは法廷の被害者と容疑者のあいだで、また険悪な離婚訴訟でもよく見られる場面だ。わざと顔を見ないようにしているのは、あまりにも急に態度が変わる、あらぬ方向を見る、よそよそしい、あたりを見まわさない、という様子からよくわかる。

198 **顔への視線を遮断する**　テーブルにひじをついて、両手で顔を覆っている人のしぐさだ。何かを質問されると、手をおろさずにその手を見まわしたり、手に向かって答えたりする。要するに、ストレスを感じている、自信がない、または話している相手を好きではないために、自分を隔離しようとしている。顔を見せたがらないのは、問題があるという強力な指標になることが多い。

199 **顔を隠す**　両手をカップの形にして顔の前に出したり、ものを使って顔を隠したりするしぐさは、世界中どこでも見られる。通常は、恥ずかしさ、困惑、恐怖、不安、心細さのあらわれだ。逮捕された人物が近くの警察車両に連行されるときには、衣服を使って顔を隠す。

200 **感情的になって顔の左右対称性が崩れる**　最近になって、顔は同時に複数の感情を明らかにできる、並外れた力を持っていることがわかってきた。冷笑と軽蔑の念を示しながら、同時に社交的な微笑みを浮かべることができる。これは心のなかに複数の矛盾する感情がある証拠で、それが顔から「漏れ」出してきたと考えられる。私の観察では、顔の左半分（向かって右側）のほうが、とくに否定的な感情の場合、より正確にあらわれる傾向がある。左右半分ずつで異なる感情を示せる顔の力を、私は感情的キラリティと呼んでいる〔訳註・キラリティは、左右の手のように同じ形に見えて重なり合わない性質を指し、著者は感情的に生じる左右の顔の非対称をこう呼ぶ〕。

201

言葉と顔の不一致　言っていることと顔に出ている表情が一致しないのは、珍しいことではない。あることを言いながら、顔ではすでに別のことを伝えている。社交辞令の交換の場では、褒め言葉や礼儀正しい挨拶を口にしなければならないだろうが、とても緊張した顔、または反感や不快感をにじませた顔が、本心を漏らしている。

202

人ごみで見える奇妙な顔　私が繊細な保護の仕事でシークレットサービスと力を合わせ、また長年にわたってさまざまな民間企業とも連携するなかで学んだのは、人ごみのなかで変わった顔が目立つと感じたときには、その直感は信用できる場合が多いということだ。変わった顔というのは、みんなが喜んでいるなかで怒っているように見える人、あるいは群衆が多様な気分を見せているなかで立ちすくんでいる、硬直しているように思える人を意味する。航空会社の職員から聞いた話によれば、カウンターで生じる問題の大半は、空港で並ぶ長い列のなかで異様に感情的に見える顔、周囲に溶け込んでいない顔の持ち主が起こすことが多いという。

203

混乱の中の平静　「自己陶酔による平静」と呼ばれることが多いこの状態は、平静でいられるはずがないように思える状況のなかで、異常なほど並外れた平静を保っていられる人のことをあらわしている。リー・ハーヴェイ・オズワルド（ケネディ大統領暗殺の実行犯）、ティモシー・マクベイ（オクラホマシティ連邦政府ビル爆破事件の主犯）、バーニー・マドフ（米国史上最大の巨額金融詐欺事件の犯人）はいずれも、彼らが置かれた状況と犯罪の恐ろしさにもかかわらず、逮捕されたときにこの奇妙な平静を保っていた。

204

場違いな作り笑い（**「ニセの笑い」**）　有名な研究者ポール・エクマンが名づけたこの笑いは、何かをうまく逃れようとしている人が見せる場違いな作り笑い、あるいは半分だけの笑顔だ。これは混乱の中の平静（203を参照）によく似ている。ニセの笑いは、誰かの裏をかいた人、または誰かが自分のウソを信じたと思っている人でも見られる。それは、謙遜、真剣さ、あるいは悔恨の念が適切な時と場所で見られる、思いあがった笑顔だ。

205

顔を触る　顔を触るしぐさはさまざまな目的を果たす。まず、他の人の気を引くことができる——雑誌の表紙で、顔を触っているモデルをよく見かける。また、顔にある無数の神経を刺激することによってリラックスするのにも役立つ。

首

首は私たちの体のなかで、最も弱く、最も傷つきやすい。私たちが生きるために欠かせないものすべて――血液、食べもの、水、電気信号、ホルモン、空気――が、首を通って流れている。頭を支えるために複雑により合わされた多数の筋肉、脊髄を守る中空の首の骨、脳に血液を供給するための太い静脈と動脈で成り立っている首は、どう見ても生命の維持に不可欠な存在だ。それなのに、ノンバーバル・コミュニケーションとなると首は無視されることが多い。ただし私たちは、何かの考えや人に対して快適さを感じている、関心がある、あるいは受け入れているときには、首がシグナルを出すことを知っている。人は首を触る、首を隠す、首に空気を通すなどのしぐさをし、それを通してひそかに考えたり感じたりしていることを周囲に伝えている。わずかに触られても、なでられても、温かい息さえ感じられる首は、体中で最も官能的な部分でもある。

206　首を触る

かゆいために掻く場合を除いて、首を触るしぐさは、確信のなさ、心細さ、不安、気がかり、または問題があることを伝えるすぐれた指標になる。また、わずかだが、迷惑や心配を感じている場合にも首を触る傾向がある。首を触るしぐさはどれも無視される場合が多いが、人が何かに悩まされていることを最も明確に伝えてくれる指標のひとつだ。

207 **喉《のど》もとのくぼみを隠す**　喉もとのくぼみ（頸切痕《けいせっこん》――喉仏の下の、胸部のすぐ上にある切れ込み）を触ったり隠したりするしぐさは、心配ごと、問題、気がかり、確信のなさ、恐怖を示している。男性はネクタイを直しながら、または襟に触るついでに、手全体を使って首や喉をしっかりつかんだり、この部分を隠したりすることが多い。女性は男性より頻繁にこのあたりを触り、指先で、男性より軽く触る傾向がある。繊細な動作でも力強くても、体の最も弱い部分を隠すしぐさは何か問題があることを示している。脅威を感じたときに首を隠す動作は、おもに首を狙う大型のネコ科動物によって仲間が捕食される場面を数え切れないほど目撃した結果として、進化してきた可能性が最も高い。詳細は、『ＦＢＩ捜査官が教える「しぐさ」の心理学』を参照してほしい。

208 **ネクタイの結び目を触る**　ネクタイの結び目は喉もとのくぼみと首を覆っているので、それを触るのは首を守り、不安を和らげる役割を果たす。男性は社会的不適応や軽い不安を感じたときに、このしぐさをすることが多い。男性はなだめ行動としてこれを繰り返すのに対し、女性はストレスを感じるとネックレスをいじることが多い。

209 **ネックレスをいじる**　女性がネックレスをいじるのは、手で喉もとのくぼみを隠すのと同じ目的を果たしている。反復する動きを通して、傷つきやすい部分を守ると同時にストレスを和らげている。

210 **シャツの襟《えり》をいじる**　シャツの襟の前の部分を触ったりいじったりするしぐさは、首のあたりを隠す、繰り返し触る、衣服を動かすことによってその下の肌に空気を通すという三つの方法で、ストレスをなだめ、緩和するのに役立つ。

211 **首を揉《も》む**　首の横や後ろを揉んで、ストレスを和らげる人が多い。この種のしぐさを気にとめる人はあまりいないが、これはふつう、何かに悩まされている人だけに見られるものだ。

212 **首の横を揉《も》んで迷走神経を刺激する**　迷走神経は脳と心臓をはじめとした主要な器官のあいだを結んでいる。ストレスを感じた人は首の横の、脈拍を数える場所の近くを揉むことが多い。これにはきちんとした理由がある。迷走神経を刺激することによって神経伝達物質のアセチルコリンが分泌され、それが心臓（具体的には房室結節）に信号を送って、心拍数を減らす役割を果たすからだ。

213 **皮膚を引っぱる**　首の顎の下あたりの肉づきのよい部分を引っぱると、一部の男性は冷静になることができる。ときにはストレスが大きくなって、力いっぱい引っぱることもある。女性ではめったに見られないしぐさだ。私はこれまでに、力を入れて引っぱるあまり皮膚が青ざめてしまった男性を何人も見てきた。

214

首に空気を通す　ストレスを感じた人の皮膚では、体温が上昇する。自律神経系によって制御されている生理的反応で、自分ではほとんど止められないものだ。反応の時間は二五〇分の一秒にも満たない場合が多い。襟をゆるめて首の部分に空気を通せば、肌が赤らんだり体温が上昇したりしたときの不快感を和らげることができる。議論が白熱したとき、または単に話し合っているときでも、さらに傷つくような言葉や意見が出されると、ストレスを感じて空気を通す人がいる。コメディアンの故ロドニー・デンジャーフィールド（一九八〇年の映画『ボールズ・ボールズ』）を見たことがある人なら、映画でも独演の舞台でも、「受けない」ときばかりでなく、とくにストレスを感じたときに、このしぐさをしていたのを覚えているだろう。

215

首の前でこぶしを握る　首の前でこぶしを握ると、喉もとのくぼみを隠すのと同じ目的を果たすことができる。脅威、恐怖、心配ごとに対する自動的で無意識な反応だ。このしぐさはおもに男性で見られるが、極端なストレスにさらされた、または非常に否定的なことに直面したときには、女性でもこうするのを見たことがある。握りこぶしを強さの印と誤解する人が多いが、この場合は保身、不安、反感のサインになる。

216　**首の血管が脈打つ**　首の血管が外から見えるほど大きく脈打つのは、ストレスまたは不安があることを示している。一部の人では怖がっているときや怒っているときにも、血管が脈打っているのがはっきりわかることがある。

217　**大きく息を呑《の》む**　大きく息を呑むと、はっきり見え、ときには音も聞こえる。いやなこと、危険なこと、または大きなストレスを感じることへの自然な反応で、苦痛を示す信頼のおける指標になる。喉を囲む筋肉と靭帯が引き締まり、喉仏が大きく上下に動く。

218　**首を伸ばす**　首を伸ばす、または円を描くように音を立てて動かすと、ストレスが緩和され、なだめ行動になる。答えたくない難しい質問をされた人で見られることが多い。

219　**首と顔が赤らむ**　首と顔が赤らむのは刺激に対する自動的な反応で、自分では制御できない。多くの場合、脅威を感じたり確信がもてなかったりすると、また稀にウソや違法行為が見つかってしまったときに、首と顔が赤らむ。これによって、ただの悪気のない困惑やもっと不正なことで、問題を抱えている人を見分けることができる。一部の薬や食品でも赤らむ場合があるのを忘れないようにすること。

220

喉仏《のどぼとけ》がピクッと動く　誰かの喉仏が急にピクッと動いたなら、その人はイライラさせられること、脅かされること、または心細くなることを耳にした可能性が高い。自分では制御できないこの反応は、自分が傷つきやすい、または無防備だと感じたときにも起きる。喉仏は正式には、咽頭隆起と呼ばれる。咽頭（喉の声帯がある部分）を取り巻く甲状軟骨によって、突出して見えるようになっている。通常は女性より男性のほうが大きい。体のこの部分は、感情的なストレス要因に対してとても敏感で、すぐに反応する。

221

首をむき出しにする　頭を横に傾けて首の側面をむき出しにするしぐさは、最もよく使われているが、最も理解されていないボディー・ランゲージのひとつだ。生まれたばかりの赤ちゃんを抱いたとき、または見ただけでも、私たちは本能的に頭を傾ける——子どものほうもこれに気づき、時とともに笑顔とゆったりした表情でそれに応えるようになる。年を重ねるにつれて頭を傾けるしぐさは求愛行動の特徴となり、頭を横に傾け、傷つきやすい首をむき出しにして恋人の目を見つめる。個人的な関係や仕事上の関係では、このしぐさによって、よく話を聴いて興味を抱いていると伝えることができる。これは敵意を取り除く大きな力をもつしぐさで、対立している状況ではとても役に立つ。笑顔を組み合わせれば、相手を味方に引き入れる最も効果的な方法のひとつだ。

222

首を固くする　丁重で包容力のある人が、とくに快適に感じていると、首が横に傾き、ふだんよりも首がむき出しになる。ところが快適な気分が薄れた途端、その首はまたたく間に固くなる。固くなった首は非常に油断なく、警戒心を保ち、その人が言われたばかりの内容に反論したい、または議論したい大変な事項があることを示す場合がある。人がリラックスした状態から急激に首を固くしたなら、何か不適切なことがある確かなサインだ。

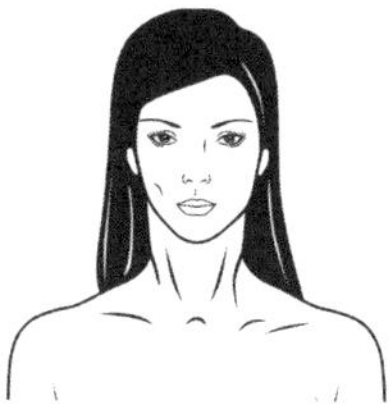

肩

幅が広くても狭くても、筋骨たくましくてもほっそりしていても、魅力的でも、惑わすものでも、うなだれているとしても、肩は持ち主について多くを語っている。遠くからでも、オリンピック水泳選手の幅広い肩と世界的バレリーナの筋張った肩を見間違えることはない。ビジネススーツのパッドの入った肩は着る人を際立たせ、優雅なモデルの露出した肩は注目を集める。憂鬱な人のうなだれた肩、誇りを持って立つ人の堂々と後方に反った肩は、持ち主に代わってその気持ちを伝えている。その人が誰で、何を成し遂げ、何を考えたり感じたりしているかを肩が伝えている様子には、驚かされるばかりだ。

223 片方の肩を上げる

質問に答えながら片方の肩を耳のほうに引き上げるしぐさは、通常、確信のなさや疑念をあらわしている。他のしぐさ（返答に躊躇する、両腕を胴体につける）と組み合わされば、その人は言っていることに自信を持っていないという、すぐれた指標になる。交渉の場で「それ以上の値引きはできないのですか？」といった質問に対し、相手が片方の肩を上げるなら、一般的にはまだ交渉の余地があることを示す合図だ。片方の肩を上げて答えている場合、言っている内容について断固とした確信を持っているわけではない。

224 **肩で関心を示す**　片方の肩をゆっくりと持ち上げ、上げている肩の方向に頭を傾けながら相手に視線を合わせるしぐさは、個人的関心を持っていることを示している。これを最もよく見かけるのはデートのときで、女性が好きな人を目にした場合が多い。

225 **両肩を高く上げる**　両方の肩を（耳のほうに）高く上げたままにしている人は、確信がないか疑いを持っていることが多い。このしぐさは「カメの首」と呼ばれる。要するに、その人は何もない場所で隠れようとしている。高く持ち上がった肩は自信のあらわれではない。講演者が聴衆に向かって、または質問に対する準備が不十分な学生たちに向かって、手を挙げるように呼びかけると、このような姿を多く見かけることになる。

226 **素早く肩をすくめる**　質問をされて答えがわからない人は、両肩を素早く、よく見えるほど持ち上げることが多い。素早い上方への動きは重力に逆らう行動なので、ふつうは肯定的な感覚に結びついている――この場合には、質問された人は実際に答えを知らない。これは、（「わかりません」と答えながら）ゆっくり肩をすくめるしぐさや、片方の肩だけを躊躇しながらすくめるしぐさよりも、正直な傾向がある。

227　**椅子にどんどん深く沈み込む**　会議中に椅子にどんどん深く沈み込んでいく人は、心細さや自信のなさを暴露している。カメの首と同様、これは何もない場所で隠れようとする方法だ——発言を求められないことも願っているのだろう。ただし、人によっては単に無頓着や無関心のサインのこともある。このしぐさが目立つのは、肩がテーブルの高さに対して極端に低くなっているからだ。

228　**肩・鎖骨《さこつ》をさする**　緊迫した、またはストレスのかかる面接の場で、面接される人が片手を胸の前から反対の肩に当て、鎖骨に沿って胸に向かってゆっくり動かすことがある。ときにはその手で胸のあたりをゆっくりさすることもあるし、同じ動作を繰り返すこともある。このしぐさの感触と反復する性質が、ストレスや心細さを和らげるのに役立つ。

229　**肩を広げる**　肩をリラックスした状態からさらに広げるしぐさは、その場を仕切っていることを伝える権力と自信の主張として目に見えることがある。スポーツ選手や軍人で見かける場合が多い。ビジネススーツの肩にパッドが入っているのはこのためで、着ている人をより力強い、信頼できる人物に見せてくれる。

230　**手のひらを上に向けながら、頭を傾けて、肩をすくめる**　これは、「おねがい、だめ?」という意味で、両手のひらを上に向けながら頭を左右どちらかに傾け、一方または両方の肩をすくめる。

相手に訴えかけるしぐさだ。子どもだけでなく大人もして、スポーツ選手が審判に対し、自分に不利な判定を考え直してほしいと訴えるときによく見かける。

231

おじぎ　上体と肩をわずかに前方に傾けるしぐさで、意図的なことも、無意識のこともある。世界中どこでも、自分より高い権力をもつ人物がいる場で見られ、いくつかの変形がある。アジアの人々は、ロンドンで女王の臣下がするように、敬意を表しておじぎをする。おじぎの起源は霊長類として受け継いできた行動に深く関係するもので、霊長類の群れの仲間は一頭のボスに対して前かがみになり、頭を低くして過ごす。人間の場合のボスは、より高い権限をもつ人物にあたる。普遍的なしぐさである証拠として、中南米を征服したスペイン人が新世界に足を踏み入れたとき、自分たちがイサベラ女王の王宮でするのと同じようにアメリカ先住民も王におじぎをしていることを知ったという。

腕

腕は私たちを守り、バランスを保ち、ものを運べるようにしているだけでなく、じつにたくさんのことを語っている。ストレスを感じたときに自分ひとりでハグをするときから、一等をとったことを知った人が両腕を上げるとき、子どもが抱きしめてほしくて両手を伸ばすときまで、腕はいつも私たちを助け、温め、人の世話をしているほかに、必要としていることや感じていることを――自分で気づいているよりはるかに多く――周囲に伝えているのだ。

232 **抱きしめる**　抱きしめるのは、どんな形であっても、親密さ、好意、心の温かさ、協調をあらわす普遍的なしぐさだ。一部の文化では短い社交的なハグ（中南米の国々のアブラソ）が握手に似た挨拶になっているが、どんなふうに相手を抱きしめるかを見れば、互いにどう感じているかがわかる場合がある。米国のスポーツ選手や映画スターが、男同士のハグをする場面を考えてみよう。私は観察する立場から、ハグと顔の表情はふたりの人間が互いを実際にはどう感じているかについて信頼性の高い感覚を与えてくれるものとして、いつも注目している。

233 **生き生きとした腕の動き**　生き生きとした腕の動きは自分の感情を反映すると同時に、人から気づいてもらうのに役立つ。はっきりした腕の動きは話をするときの強力な表現になり、精力的なコミュニケーションには不可欠なものだ。多くの文化で、強調するためには誇張した腕の動きが必要とされる。部外者にとっては、そのように腕を動かす人たちは今にも喧嘩を始めそうに見えるかもしれないが、実際にはただ強調しているにすぎない。

234

腕を動かしながら話す　私はよく、「人はなぜ話しながら身振り手振りをつけるのか?」と質問される。身振り手振りはコミュニケーションの不可欠な部分だと考えられ、人から気づいてもらい、注目したままでいてもらい、さらに重要な点を強調するのに役立つ。さらに話し方の柔軟性を高めて話し手を助けるだけでなく、言葉を思い出すのにもひと役買う。腕の動かし方は、発したメッセージがどのように受け取られるか、またどれだけ他の人の記憶に残るかにも影響を与える。動きがメッセージを忠実に映し出せば、メッセージは強化される。私たちは話しながら、腕の動きも見てほしいと考えている。ＴＥＤのスピーチの成功例を見れば、身振り手振りが不可欠な要素として、すぐれた話し手たちに利用されていることに気づくだろう。

235

腕を体につけたまま手首だけを動かす　抑制された上機嫌と呼ばれるしぐさだ。自分では喜んでいるのだが、それを人には見せないようにするとき、両腕を体につけたままで、手のひらを下に向けて手首から先をほとんど直角になるまで持ち上げることがある。興奮した気持ちを抑え、気づかれないようにしている人でも見られる。同時に肩を持ち上げ、もちろん顔の表情には喜びがあふれていることもある。

236　**上機嫌・勝利を誇示する**　上機嫌または勝利を表現する場合は、重力に逆らう傾向がある。つまり腕の動きは上方向に、または体から離れて外の方向に向かう。ときには両腕を高々と上げて指を広げ、椅子から実際に飛び上がることもある。肯定的な感情は重力に逆らう腕の動きを促すから、スポーツ競技での勝利の表現は世界中で似る傾向がある——誰もが両腕を思いっきり上に伸ばして喜ぶ。

237　**両腕を背後で組む**　堂々とした姿勢をとるには、両方の腕と手を体の後ろにまわす。エリザベス女王、チャールズ皇太子、その他英王室の人々は、他の人との距離を保ちたい場合に、こうして歩いていることが多い。私たちにとっても、体の周辺に空間がほしいという合図になる。このしぐさはよそよそしく見える傾向があるので、相手に親しみを持ってほしい場合には、よい方法とは言えない。興味深いことに、小さい子どもたちは親が両手を背後に隠す姿勢を好まない。

238　**腕をこわばらせる**　怯えている人、何かの出来事に圧倒されている人の腕は、こわばっていることが多い。腕が体の両側でじっと動かないから、不自然に、あるいはロボットのように見える。

こわばった腕は、何か否定的なことが起きたばかりだという強力な指標になる。

239
脇《わき》の下をはっきり見せる　他の人といっしょにいながら脇の下を含めた腕の内側をはっきり見せるのは、くつろいでいる場合に限られる。とくに女性は、気になる人の関心を引いて自分が興味を抱いていることを伝えるために、このしぐさを利用することがある（自分の頭の後ろを掻きながら、気になる人に向かって脇の下をまっすぐ見せる）。その逆に、脇の下を見せているときに誰か不快に思える人が近づいてくると、すぐに脇の下を隠してしまう。

240
自分を抱きしめる腕組み　腕組みをして自分を抱きしめるしぐさは、誰かを待っているとき、公共の場で映画を見ているとき、または少し気分を落ち着ける必要があるときに、自分を元気づける効果的な方法になる。飛行機内でトイレの順番を待って列に並んでいる旅行客の多くが腕組みをしている理由を、これで説明できる。私たちはじつにさまざまな理由で腕組みをする。私がこれまでに聞いた理由を、いくつか挙げておく。「安心できる」「腕が疲れたときに便利」「胸を隠せる」「興味津々のときにする」「お腹を隠す」。それぞれがそれなりの理由をもち、ほとんどの場合、快適さをもたらしている。腕組みには人を遠ざける意図があるとみなす人がたくさんいるが、ふつうはそうではない。

241　**身を守る腕組み**　場合によっては、腕組みは快適さを得るためのしぐさではなく、身を守ることを意味している。私たちは自信がない場合や脅威を感じている場合、傷つきやすい体の前面（腹側）を無意識のうちに守ろうとするのかもしれない。その場合、腕には力が入り、顔には心理的な不快感が見える。

242　**自制する腕組み**　人は動揺したとき、自分自身を抑えようとして腕組みをすることがある。空港のカウンターで、飛行機の予約を取り消された顧客を想像してみよう。自分を抱きしめる腕組み（240を参照）ではほとんど力が入らないのに対し、この場合は感情のコントロールがきかなくなるにつれて、文字通り自分の腕を抑えるのに役立つ。この自制のしぐさでは、通常は顔に敵意の表情が浮かぶことに注意する。

243　**反感を示す腕組み**　嫌いな人が近くにいると、腹の前で腕を組み、その人から自分を遠ざけるまたは守ろうとすることがある。ふつうは反感をもつ相手が目に入るとすぐにあらわれるので、このしぐさを見分けられ、嫌いなことがとても正確に伝わる。自分を抱きしめる腕組みとの違いは、顔を緊張させて足先を相手からそむけるなど、同時に見られる別のヒントによって区別できる。

244　**腕組みをしながら腕を揉《も》む**　胸の前で腕組みをすることによって、多くの人は快適に感じることができる。ただし、同時に反対側の肩や腕を揉むしぐさが見られる場合は、ストレスや心配があることを示している。最もよく見られるのはテーブルにひじをついて座っているときだが、椅子に座って腕組みをしながら反対の腕を揉んで、ストレスや気がかりを和らげている人も見かける。

245 **一方の手を伸ばして反対の手首をつかむ**　犯罪捜査の状況で、質問されている人が急に腹を覆うように一方の手を伸ばして、座ったまま反対の手首をつかむことがある。難しい質問をされたり、何かを責められたりした直後に見られるしぐさだ。ポーカーのプレイヤーでも、手が弱いまたはぎりぎりの場合に見られる。

246 **腕を広げる**　いくつもの椅子やソファーいっぱいに腕を広げて座っている人は、縄張りを主張して周囲に自信を示している。年長の幹部は、若い職員より頻繁にこの姿勢を見せる。より高い地位や立場の人がやってきたとき、その人が腕を両脇に引っ込めるかどうかを観察すること。

247 **ひじを広げる**　強い立場にいて自信に満ちた人は、少しずつ広い場所を占有するようになり、テーブルやデスクの上でひじを広げるようになる。これは無意識に行なわれる傾向があり、心の中の自信を周囲に見せていることに自分では気づいていないことが多い。

248　**ひじを引っ込める**　テーブルの上にひじを広げて座っている人は、自信のなさや脅威を感じた瞬間に、ひじを引っ込める。この様子は、異なるテーマの話し合いが進むにつれて、他の人がどれだけ熱心に取り組んでいるか、または自信があるかを評価する基準として役立つ。

249　**ひじを前方に曲げる**　腰に手を当て、ひじを張って、自分が言っていることを強調したいと思うたびにひじを前方に（蝶が羽をヒラヒラさせるように）曲げるしぐさだ。これは縄張りの主張であると同時に自信の大きさも伝えている。私は、上級管理職、コーチ、陸軍士官が言いたいことを強調するとき、ひじを前方に曲げる様子を見たことがある。

250　**他の人と腕を組む**　世界中の多くの地域で、歩いたり座ったりしながら隣の人と腕を組んでいるのは、ふたりが親しい仲か、秘密の会話をしているあらわれだ。互いの腰を近づけているこのしぐさは、ものごとが順調に進んでいることを示している。地中海諸国や南米では、男性も女性も腕を組んで歩くのは珍しいことではない。

251　**手首のしぐさ**　手首が心の窓だとは思わないかもしれないが、心の窓になることもある。私たちが手首の内側を人に見せるのは、その人のことを好きなとき、またはいっしょにいて快適だと感じているときだ。女性は飲み物やタバコを持ちながら、近くにいる人に関心を抱いたり、快適だと感じたりすれば、手首の内側を見せるしぐさをする。だがそうでないと感じた瞬間、手首は裏返って外側だけを向けるようになる。私たちの辺縁系が、最も繊細な体の部分——腕の内側、首、腹——を嫌いな人や脅威を感じる人から遠ざけて、身を守っているのだ。

252 **鳥肌が立つ**　鳥肌が立つのは寒さや恐怖に対する無意識の反応で、ふつうは腕や脚に見られる。鳥肌は皮膚の表面の毛を逆立てる現象なので、医学用語で立毛（253を参照）と呼ばれる。霊長類の場合は怯えたときにとくによく目立ち、全身の毛が逆立って体が自然に大きく見える。人間は体毛のほとんどを失っているので、鳥肌によって見えるのは立毛の名残のみだ。

253 **毛が逆立つ（立毛）**　腕、胴体、首の後ろの毛が、目に見えるほど逆立つことがある。進化の側面から考えると、これは霊長類と共有している反応の痕跡で、怯えた、驚いた、または恐怖を感じたときに、自分をより大きく見せるためのものだと考えられている。私たちが人、場所、状況に危険の可能性があると無意識のうちに判断したときには、首の後ろの毛が逆立っている——次にそう感じたときには、ぜひ注目してほしい。ギャヴィン・ディー・ベッカーの著書『暴力を知らせる直感の力』によれば、こうして無意識のうちに感じる不信や危険を無視すべきではない。

254 **過度の発汗**　人はストレスを感じると、蒸発によって体温を下げようとする体の反応で、急に大量の汗をかくことがある。麻薬密売人の多くが国境で呼び止められるのは、ひとりだけ脇の下に大きな汗ジミを作っているからで、税関職員の前に連れて来られるときには首が汗で光っているほどだ。過度の発汗は、その人が何かを隠している、または悪事を働こうとしている合図になることがある。もちろん汗かきの人すべてが罪をおかすわけではないから、細部にわたって注意を払わなければならない。

255 **自傷**　境界性人格障害の患者、または情緒不安定や鬱状態の人には、自らを意図的にナイフや火で傷つけた跡が残っていることがある。このような合図を見つけることが、手助けできるかどうかの鍵になる。自分で助けを求めているわけではないかもしれないが、自傷によって、自らのメンタルヘルスの必要性をノンバーバルに伝えている。

256 **針の跡**　ヘロインその他の静注薬物の常用者には、腕の内側の静脈に沿って傷がある。長期にわたって乱用していれば、この跡がとてもはっきり見えることがある。

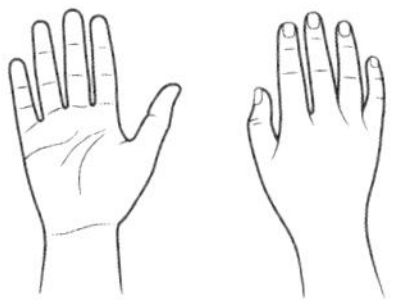

手と指

人間の手に匹敵するものは、他にない。メスを握って繊細な外科手術をすることもできれば、筆を握ってシスティーナ礼拝堂の天井に絵を描くこともできる。手は生まれてきた赤ちゃんをやさしく受け止めることも、斧の持ち手をしっかり握って木を切り倒すこともできる。仕事をするにも遊ぶにも身を守るにも、手は欠くことのできない存在で、私たちは周囲の世界と触れ合うために、毎日、手に頼っている。手は効果的なコミュニケーションにも使われる。横断歩道で車を止めるにも、オーケストラを指揮するにも、友だちに早く来てと合図するにも、手を使う。私たちの手は自分の情熱、願望、能力、心配、そしてやさしく触れることで最も大切な愛情を、周囲の人々に伝え続けている。

257
手の状態　人の手を見ると、さまざまなことがわかる。手入れの行き届いた手、傷ついた手、指にできたタコは、その人がどんな仕事をしているかを教えてくれるかもしれない。事務職の人の手とセメント職人の手は大きく違って見える。同じく、関節炎と神経疾患も、手の状態と指の動きや揺れによってわかる場合がある。

258
手入れされた手　手入れの行き届いた手は健康な人の印だ。爪をきちんと切った清潔な指は、その人が身のまわりに気を配っていることを示している。汚れた爪や長い爪、ぼさぼさの甘皮、指を噛んだ傷が見える手とは対照的だ。デートのときに、また職場でも、相手の手がどれだけ手入れされているか、または健康的に見えるかで、結論を下すことは多い。

259

他の人を触る頻度　他の人をどれだけ頻繁に触るかは、その人のことをどう感じているかを伝えるすぐれた方法になる。触る頻度は、ある程度はそれぞれの文化での決まりごとになるが、ほとんどの場合は相手を大切に思うほど数多く触る。

260

触り方　触り方には、礼儀正しい、愛情のこもった、はしゃいだ、官能的な、控えめな、気遣う、思いやりのある、または弁解するようなものがある。皮膚にそっと触られると背骨に震えが走り、性的衝動を刺激されることがある。実際、軽く触るのと強く触るのでは脳に与える刺激が異なっている。思いやりのある人が手のひら全体で愛情をこめて触れば、皮膚のすぐ下にある血管の温かみによって、生まれたばかりの赤ちゃんや恋人に気持ちを伝えることができる。けれども上司が指先だけで私たちの肩を軽く叩きながら、「よくやった」と言えば、そのしぐさには違和感があるから、ぞっとするだろう。わざとらしく、口先だけだと、すぐにわかる。

261

触り方と社会的地位　誰に、どのように触ってよいかは、大部分の文化で社会的慣習として決められている。ほとんどすべての文化に共通の点として、地位の高い人が地位の低い人を触る機会のほうが、その逆よりも多い。職場環境なら、上司が部下の肩を叩く場面のほうが、部下が上司の肩を叩く場面より多い。また、いつ触るのが適切か、どこ（たとえば、腕やひじ）を触るのが適切か、触ること自体が適切なのかも、知っていなければならない。

262

政治家の握手　政治家はよく握手をし、腕を握り、ハグをするし、赤ちゃんを見れば抱きあげ、キスをする。握手は、政治家が人間味を感じさせ、身体的なふれあいをする機会になる。人が互いの体に触れるとオキシトシン（私たちを社会的に結びつける役割を果たす強力なホルモン）が放出されるから、このようなつながりは文字通りの化学作用だ。

263

親指を後ろにして腰に手を当て、両ひじを張る　親指を後ろにして腰に手を当て、ひじを大きく張るこの姿勢は、優越性を誇示するものだ。その人の準備が整って、気を配っていること、何か話があること、あるいは問題があることを伝えている。航空会社の職員から聞いた話によれば、列に並んでいる人がこのしぐさをしているなら、苦情を言いたいことは間違いないという。いかにも権威をふりかざしているように見える。自分の子どもと話をするときに適しているとは言えない——親が陸軍の教練の教官のように見えてしまい、コミュニケーションを妨げる原因になる。

264
親指を前にして腰に手を当て、両ひじを張る　親指を前にして腰に手を当てれば、むしろ好奇心を示すことになる。親指の位置など、細かくてどちらでもよいように思えるかもしれないが、とても重要だ。事件の目撃者はよくこの姿勢で立って、何が起きたかをじっと考えるのに対し、行動を起こす人たち（警官、消防士など）は親指を後ろにして腰に手を当てる。

265
手を使う縄張りの主張　穏やかな威嚇のひとつの形式として、机やテーブルの上に両手を大きく広げるしぐさがある。返品カウンターでは、腹を立てた顧客が係員と言い争いながら、両手をどんどん広げて場所をふさいでいく様子をよく見かける。感情が高まるにつれ、どれだけ広がっていくかに注目してほしい。

266
テーブルを押して遠のく　急に腕をまっすぐ伸ばしてテーブルを押し、自分の体を後方に下げてテーブルから遠のくのは、言われたことや議論の内容に同意できないか脅威を感じている、とても正確な指標だ。そのしぐさのスピードに意味があり、素早ければ素早いほど心配ごとが大きい。

267
身に着けているものをいじる　アクセサリーその他の身につけているものをいじる（腕時計をクルクルまわす、鉛筆で机をトントン叩く、スマートフォンをチェックする）しぐさは、なだめ行動として役立つ。就職の面接試験を待っている人や、ただ時間をつぶしている人によく見かける。

これは、代理接触（291を参照）とは異なるものだ。

268
ものを置く　身の周りをもので囲んで――職場のデスク上に紙と鉛筆を並べる、劇場の椅子の上にジャケットを置く――自分の縄張りを示そうとする人がいる。ものを置く行為は、誰かにあまり関心がない、または人間関係に問題が生じているシグナルの場合もある。たとえばレストランで、すべてが順調であれば視界からものを取り除いて同席者をよく見えるようにする傾向がある。ところが何か問題があると、視線の先に花や飲み物のボトルを置いて、テーブル上に障壁を築こうとする。話している最中に誰かがものを動かした場合は、とくに明確だ。

269
尖塔《せんとう》のポーズ　尖塔のポーズは、体の前で両手を広げて左右の指先同士をつけ、指を少しアーチ型に曲げて教会の尖塔に似た形にする。これは周囲に自信を示す普遍的なしぐさで、指導的立場の人が見せることが多い。ドイツのアンゲラ・メルケル首相は、頻繁に尖塔のポーズをすることで知られている。ただし、このような自信がいつも正確であるという保証はないことに注意する。人は事実を誤って把握しながら、言っていることに自信をもつこともある。それでも、自分が考えたり言ったりしていることをどれだけ強く約束できるかを相手に納得してもらいたければ、尖塔のポーズが役に立つ。

270　**尖塔《せんとう》のポーズの変形**　尖塔のポーズの変形では、両手をしっかり組みながら人差し指だけをまっすぐ伸ばし、両手の人差し指の先をつける。通常の尖塔のポーズより悔恨の念が強そうに見えるが、このしぐさも、断言していて自信があることを示している。

271　**準備の整った手・活発な動き**　指の間が離れるまで両手を大きく開いたままウエストの高さに上げて、自分の腹の前に出し、手のひらを三五センチメートルほど離して向かい合わせにする。大勢の前で話をする人はよくこのしぐさをし、これによって重要な瞬間に聴衆の注意を引くことができる。手のひらを上に向けるしぐさ（272を参照）とは異なり、ビーチボールを持っているかのように、手のひらを向かい合わせにする。人前で話をする場合に取り入れると役に立つしぐさだ。

272　**手のひらを上に向ける**　謙遜、追従、協調を示す普遍的なしぐさで、受け入れてほしい人、信じてほしい人が用いる。両手のひらを上に向けて見せるのは、「私の手はきれいです」「何も隠していません」「お願いです」「あなたの命令に従います」と伝える普遍的な方法だ。宗教儀式でも、謙遜と敬虔な心を示すために用いられる。

273　**手のひらを下に向ける**　手のひらを下に向けると、上に向ける場合より肯定的な意味をもつ。手をテーブルの上に置くときも、空中に浮かせているときもある。両腕を遠くに離せば離すほど

（両手のしぐさ）、手を下に打ちつける力が強ければ強いほど、より強い確信を物語る。両手のひらをテーブル上に強く押しつけながら「私はやっていません」と言えば、正当性をより強く示している。ウソをつく人はこのしぐさをきちんとやろうとして、たいていは消極的になりすぎる。

274

指を広げて手のひらを下に向ける　「私はやっていません」のような正式な宣言の言葉を、手のひらをしっかり下に向けながら、しかも指を大きく広げて伝える場合は、より偽りのない返事のようだ。私はまだウソをつく人がこのしぐさを首尾よくやってのけたのを見たことがない。おそらく脳内の思考をつかさどる部分が感情をつかさどる部分とうまく同期できないからだろう。つまり、何を言うべきか――「私はやっていません」――はわかっているが、脳の感情の側が完全に取り組んでいないために、どう表現すればよいかがわかっていないのだ。

275

手の動きを制限する　研究者たちは、なかでもアルダート・ヴレイは、人がウソをつくときには手と腕の動きが小さくなる傾向があることを指摘してきた。これは強力な指標になる場合があるものの、単に内気または不快な感情を示しているだけのこともある。ここでは、その人の基準となる普段のしぐさを把握していることがとても重要だ。とにかく注目すべきしぐさではあるが、必ずしもウソと結びつくとは限らない。

276　**両手を揉《も》み合わせる**　両手を揉むしぐさは、心配、不安、確信のなさを伝えている。ストレスの大きさが、手を揉むときに入る力に反映される。指や手の皮膚が赤い部分と白い部分に変色して見えるなら、不快感がとても高まっていることを示す。

277　**指を組む**　誰かにはじめて会う人、またはあまり確信がない人は、体の前で軽く指を組むことがある。これは感触によって自分自身を落ち着かせるしぐさになる。ハリー王子はこのしぐさをすることで知られている。行列に並んで辛抱強く待っている場合や、初対面の人に話しかける場合には、誰でも同じことをする。

278　**震える手**　興奮したりストレスを感じたりすると、手が震えることがある。もちろん、神経学的な疾患、病気、薬物でも手の震えが生じる場合があるが、その他の点では健康に見える人なら、大部分は注目すべきものだ。ストレスが生じると、ワイングラスなどをうっかり倒してしまったり、手にもったスプーンが震えたりすることがある。事故のあとや、恐ろしいニュースを知ったときには、指と手の震えが止まらないだろう。

279　**手を錨《いかり》のように使う**　私たちは何かをわがもの顔に占有して、それが自分のものであることを周囲に知らせることがある。人間に対しても同じようにする場合があり、たとえば誰か好きな人と話をしているとき、その人の近くに錨をおろすように手を固定して、他の人を遠ざけようとする。バーやパーティーで最もよく見かける場面だろう。男性が錨をおろした点を中心に、まるで永久に固定されているかのように動きまわり、他の人の侵入を防いでいる。これは縄張りの主張になる。

280 **相手の顔の前に手を突き出す**　議論の末、最終的に侮辱するしぐさとして、相手の顔の前に手を突き出すことがある。手のひらを人の顔の目の前に置けば、やめろ、それ以上言うな、あるいはよく言うように「この手に向かって話せ――無駄な話はもうやめろ」という意味になる。とても侮辱的なしぐさだから、好意的な人と人とのコミュニケーションでは、もちろん仕事の場でも、用いるべきではない。

281 **答えながら自分の体を触る**　質問に答えながら、身振り手振りで強調するのではなく、なだめている（手で自分の体を触っている、またはなでている）人がいる。見ていると、そういう人たちは手を使って要点を明らかにしながら答えている人よりも、自分の答えに自信がないことがわかる。

282 **両手を組んで親指を上に向ける**　両手を組んで親指だけを伸ばして上に向けながら話しているのは、自信のあらわれだ。通常は、両手を膝の上または机やテーブルの上にのせて、このしぐさをする。話の要点を強調するたびに親指がはっきり上を向く。その瞬間ごとの感情に応じて、また言っていることに本人がどれだけ確信を持っているかによって、その様子はとても流動的に変化する。

283

両手を組んで親指を隠す　両手を組んで親指を隠しているのは、話していることに自信がないか、否定的な感情を抱いているあらわれだ。言っていることにしっかりとした自信があれば、無意識のうちに親指を伸ばして上に向ける傾向がある。前の項で述べた通り、これはとても流動的に変化するしぐさで、会話をしながら話題について本心でどう感じているかに応じて親指が伸びたり隠れたりする。

284

親指を揉《も》む　親指を揉むのは、軽いなだめ行動になる。両手を組み、上になった親指で下にある親指を何度もこする。何かが起きるのを待っている人で見られることが多いが、話をしながら、わずかに神経質になったり不安を感じたりしている人でも見られる。

285

親指をクルクルまわす　親指をクルクルまわすのは、時間をつぶす、またはわずかなストレスを解消する方法になる。繰り返すことによって、脳を落ち着かせることができる。

286

指のあいだを固く閉じる　不安を感じた、途方にくれた、謙虚になった、怯えた、追い詰められたと感じた人は、無意識のうちに指を固く閉じる。極端な場合には、大きな不安によって指は縮こまり、伸びなくなる。この場合も辺縁系の働きで、脅威を感じて指に力が入る。

287 **親指を離す**　自信があると、親指は人差し指から離れる。手がテーブルの上にある場合には簡単に観察できるしぐさだ。実際、人差し指と親指のあいだの距離は、その人の自信のレベルを示す尺度として役立つ。また、話していることにどれだけ確信をもっているかも物語ることがある。距離が遠いほど、話している内容に対する確信が強い。

288 **親指を隠す**　自信がないとき、または脅威を感じたときには、親指が無意識のうちに引っ込み、他の指といっしょになるか、他の指の下に隠れてしまう。このしぐさが急にあらわれた場合、その人は心配、気がかり、または脅威を感じている。これは生き残りの作戦で、イヌが逃げるか戦うかの必要に迫られたとき、耳を折りたたんで体を流線形にするのに似ている。

289 **親指による誇示**　上着の襟をもったり、サスペンダーで音をたてたりしている人は、親指を誇示している。法廷で弁護士がよく見せるしぐさだ。親指を立てる他のしぐさと同様、していること、考えていること、言っていることに自信を持っていることを意味する。

290 **親指を立てるOKのサイン**　これはもちろん、米国ではとても肯定的な合図で、すべてがうまく行っていることを伝える。昔はヒッチハイクで車を止めるのによく利用された。ただし、たとえば中東などの一部の文化では、親指を立てると男根の象徴になるので、避ける必要がある。

291

代理接触　恋愛関係のごく初期には、相手の体にもっと親密に接触したいが時期尚早だと感じることがある。そこでその願望を代わりのもので満たすことにし、自分の腕をなでたり、手にしたグラスの周囲を何度もこすったりする。代理接触は無意識のうちの男女の戯れの一形式であると同時に、ストレス解消法にもなり、多くの場合は求める接触の効果的な代理として役立っている。

292

接触の交換　誰かが手を伸ばして私たちを触ったら、返礼として自分からも相手を触る。通常、このしぐさは周囲の人と社会的な調和を保って快適に過ごしていることを伝えるので、このような接触がなければ問題が生じている場合がある。職場ではよく、誰かが降格または解雇されるとき、その社員がいなくなる前には上司からの相互の接触が少なくなる。恋愛関係でも、破局の前には同じことが起きる。

293

家具にしっかりつかまる　宣言する言葉を述べながら椅子や机または演壇の端をしっかり握っている人は、疑念または確信のなさを伝えている。契約に署名するとき、署名したくないがやむをえず署名する人で、この様子をときどき見かける。観察者としてはつねに、どのような確信のなさによってこのしぐさが生じているかを検討する必要がある。

294

何かを握りしめる　子どもがストレスを感じていると、最も身近な家族の服を握って快適さを得る。親やものが近くにないと、自分が着ている服を握って「ねんね毛布」の代わりにする――本質的には、いつも「ねんね毛布」を探しているわけだ。この感触による経験は、心理的に大きな落ち着きをもたらしてくれる。大人もときには、たとえば就職の面接試験やスピーチの順番を待っているときこれと同じことをする。偉大なテノールの故ルチアーノ・パヴァロッティは、コンサートで歌うときいつも手にハンカチを握っていたが、これは「安心感」と「快適さ」をもたらすものだったとインタビューで語っている。

295

両手を使って強調する　私たちは快適に感じていると、自然に身振り手振りを使って強調する。一部の文化、なかでも地中海諸国の人々は、両手を使って強調する傾向があり、そうした手の動きは前後関係のなかでとても重要なものだ。偉大な演説家たちも頻繁に手の動きを使う。研究によれば、人が急にウソを言い始めるときには手の動きが減る――強調も減る。手の動きが急に少なくなったり、小さくなったりしたら、その人は何らかの理由で、自分が言っていることに自信を失っているとみなすことができる。

296 **指を使う** 心理学者のポール・エクマンがはじめて指摘したように、誰かに悪意を抱いた人は無意識のうちに「指」を使って（最も下品な指は、ふつうは侮辱のサインで使う中指だ）、顔や体を掻いたりする。ただ眼鏡を押し戻すだけのこともある。これは相手を尊敬していないという無意識のサインだ。

297 **指さす** 世界中、ほぼどこに行っても、人は指さされることを嫌う。誰かのことを示す必要があれば、とくに仕事や恋愛の場面では、一本の指ではなくすべての指をそろえ、手の全体を使うようにする。この方法はものを示すときにも利用でき、誰かに椅子を勧めるなら、やはり一本の指ではなく手の全体を使ってその方向をさすとよい。

298 **指を突きつける** 誰かの顔や胸に指を突きつけるのは、強く敵対する行為で、問題が起きたときにひとりだけを選び出すのに使われる。実際に体に触れるようなことがあれば、さらに大きい脅威となる。

299 **指を指揮棒として使う** 人差し指を使って、スピーチや歩調や音楽のリズムを刻む人がいる。これはスピーチで重要な点に触れるとき、強調する役割を果たしている。地中海諸国でよく見られるしぐさで、中にはこうして指を「しきりに振る」ことに腹を立てる人もいるが、それは文化的な特質であることを理解していないからだ。強調するためであって、敵対する行為というわけではない。

300 **両手で押し戻す**　人前に立って話している人が、両手で押し戻すようなしぐさをするのをよく見かける。両手を前方にまっすぐ伸ばし、手のひらを聴衆に向けて、まるで聴衆を遠ざけるように押す。これは、「あなたがどんなふうに感じているか、わかってます」と言っているような、無意識のうちの否定的な意味をもち、要するに「あっちへ行って」という意味のしぐさだ。

301 **爪を噛《か》む**　爪や甘皮を噛むのは、緊張や不安を解消する方法だ。気がかりなことがある、自信がない、または確信がないことをあらわしている。一度も爪を噛んだことがない人でも、非常に大きいストレスを感じると、急に噛み始めるかもしれない。このしぐさは病的なものになる可能性があり、周辺の甘皮やその他の健康な組織までだめにして、皮膚の損傷や指の潰瘍につながることがある。

302 **指でトントン叩く**　テーブルや脚を指でトントン叩くと時間つぶしになると同時に、他の反復するしぐさと同様、気持ちを落ち着かせることができる。仕事の場では、誰かがやってくるのを待っている人、誰かの話が終わるのを待っている人で見られる。「さあさあ、この辺でもう先に進めようよ」と言っているのと同じだ。指先を頬の上でパラパラと動かすしぐさ（170を参照）と似ている。

303

ポケットに手を入れる　他の人と話しながら、片手または両手をポケットに入れると安心できる人は多い。だが場合によっては砕けすぎた態度と見られ、一部の文化では失礼だとされる。手をポケットに入れている人は疑わしいまたは人をだまそうとしていると、誤って解釈している人がいるので、注意する必要がある。

304

握りこぶしをもう一方の手で揉む　握りこぶしをもう一方の手で揉むしぐさは、自制となだめの行動だ。通常は、奮闘している、気がかりがある、または大きな潜在的緊張感を持っていることを意味する。ポーカーのプレイヤーや株式仲買人で、また大金を得られるか失うかが短時間で決まる場所ではどこでも、よく見かける。

305

話し手の握りこぶし　話している人が「重要なポイントを力説」しながら、握りこぶしを作る場面を見かけることがある。これは珍しいことではなく、なかでも大げさに、または夢中になって話す人には多いしぐさだ。一方で、自分が話す順番を待っている人が握りこぶしを作るのは、ふつうのことではない。通常は、課題が山積みになっているか、エネルギーを抑えつけられている、または他者からの何らかの身体的反応を予想している。冒険好きで行動力のかたまりだったセオドア・ルーズベルトは、つねにこぶしを握って座り、まるでネジを巻きあげたかのようにエネルギーをじっと押しとどめていたと言う。

306 手のひらを指でこする

手のひらを指でこするのは、なだめ行動だ。このしぐさを繰り返しているか、指に力が入っている場合は、大きな不安と心配ごとがある。手のひらを同じ手の指先でこすることも、もう一方の手の指でこすることもできる。

307 手を組んだまま伸ばした指をこすり合わせる

心配、ストレス、不安、または恐怖を感じた人が、手を組んだまま伸ばした指を大きくこすり合わせて、なだめ行動にすることがある。指を伸ばして組んだ手をこすり合わせると刺激を受ける表面積が増えるので、緊張をより和らげることができる。何かがうまく行っていない、または誰かが大きなストレスを感じていることを、最もよく伝える指標のひとつだ。これは通常、事態が非常に悪化するまでは使われない、とっておきのしぐさになっている。そこまでひどくなければ、両手を揉むか、手のひらをこすり合わせることですむ。このしぐさがとても目立つのは、指がピンと伸びたまま組まれているからだ。

308 手を組んだまま手のひらを上または下に向ける

これは両手を組んでストレスを解消する方法

の究極の変形になっている。手のひらを上に向けて両手を組み、ひじを下に残したまま組んだ手を顔の方まで持ち上げる。上に向けた手のひらは大きく反った状態になる。または手のひらを下に向ける変形もあり、手のひらを下に向けたまま腹の前で両手を組み、ひじを伸ばす。指の関節を鳴らす方法に似ている。このようにして腕と指を曲げると、筋肉、関節、腱、手に圧力がかかってストレスの解消につながる。私は、親の車で事故を起こしてしまった十代の少年が、警察で母親の迎えを待っているあいだにこのしぐさをするのを見たことがある。

309
指の関節を鳴らす　指の関節を鳴らすのは、さまざまな変形をすべて含めて、なだめ行動だ。一部の人にとっては緊張を和らげる効果があるらしく、緊張している、神経質になっている、あるいは退屈しているときにまで見ることができる。関節をひとつずつ順に鳴らす人も、片手のすべての指を同時に鳴らす人もいる。このしぐさはストレスが高まるとともに頻度も増える。

310
手を組んで関節を鳴らす　親指を下にして両手を組んだまま、腕を前方に思い切り伸ばして関節を鳴らす。身をよじる他のしぐさと同様、強い心理的不快感、ストレス、または不安を伝えるものだ。また、両手を組むことと関節を鳴らすことで、二重のなだめ効果を果たす。このしぐさをするのは、一般的に男性のほうが多い。

311　**脚の横を軽く叩く**　焦ったり苛立ったりすると、手のひらで脚の横（通常はポケットの近く）を軽く叩く人がいる。ホテルで宿泊手続きを待っている人で、とてもよく見かけるしぐさだ。感触を得られること、繰り返すことから、気晴らしになる一方、なだめにもなる。

312　**身づくろい**　毛づくろい・身づくろいをするのは鳥だけではない。身づくろいは、ネクタイをなおす、ブレスレットの位置を戻す、シャツのしわをのばす、髪形を整える、口紅を塗りなおす、眉毛を抜くなど、さまざまな形をとる。身づくろいをするのは、自分の見栄えを最もよくしたいと気にかけるときだ。誰かを恋愛対象として好きだと思うときに髪を整える姿は、とくによく見られる。髪を繰り返しなでていると、相手から気づかれもする。興味深いことに、陪審員団の入室時に弁護士が着ている上着をちょっと引っぱって伸ばすなどの簡単なしぐさ（身づくろいの行動）をすると、陪審員は無意識のうちにその弁護士に対する好感度を高める。

313　**身づくろい（軽蔑的）**　相手に対して軽蔑的または失礼になる、別の種類の身づくろいもある――前の項の身づくろいとは、ほとんど正反対のものだ。誰かに話しかけられているときに服から綿くずや髪の毛をとったり、爪をきれいにしたりすると、よくて礼儀をわきまえない人物、最悪の場合は不作法、あるいは侮辱しているとみなされてしまう。

314

手を膝《ひざ》に置いてひじを張る　手を膝に置き、ひじを張って座ると、通常は大きな自信をあらわす。会話をしながら相手がこのしぐさをしたりやめたりするのを見ていると、その人の自信が一進一退する様子に気づくことができる。ひじを張る姿勢は縄張りの主張でもある。

315

指を丸め、爪をはじく　神経質になっている、動揺している、またはストレスを感じている人は、（通常は片手の）指を丸め、親指を使って爪をはじくことがよくある。一本の指だけを使うことも、いろいろな指を使うこともある。自分自身をなだめるしぐさだが、周囲の人たちにとっては騒がしくて気が散る行為だ。

316

握手　握手は、西欧では最も好まれている挨拶の方法で、仕事の場にも個人的な状況にも適している。握手は多くの場合、他の人と交わす最初の体の触れ合いとなり、互いに印象を与え合うので、適切にすることが大切だ。これまでに「感じの悪い」握手（力を入れすぎる、手が湿りすぎている、力が弱すぎる、長すぎる）をした回数を思い起こしてほしい。感じの悪い握手は長く忘れられないマイナスの印象を残し、その人ともう一度握手をするのは気が進まなくなる。また、握手の習慣は普遍的なものではないことも覚えておく必要がある。おじぎや頰へのキスのほうが適切な文化もある。それでも、感じのよい握手をするにはまず気持ちよく目と目を合わせ、笑顔が適切であれば笑顔を浮かべ、ひじを少し曲げた状態で腕を伸ばすこと。指先を下に向けて自分の手を相手の手に近づけ、相手と同じ力を入れて握り（素手でクルミを割れるとしても、誰も褒めてくれない）、互いの手を包み込んで——これによってホルモンのオキシトシンが分泌され（社会的きずなをさらに深め）——一秒ほどで手を離す。ふたりのうち年上の方は力をあまり入れる必要がなく、地位の高い方が手を握る長さと力の基調を決定する。

317

左手で支える握手　一部の文化、とくにアフリカの一部の地域で、尊敬されるまたは重要な人物に挨拶をする際には、伸ばした右手の前腕を左手で下から支えるようにして差し出すのが慣例になっている。手がまるで何か貴重なもののようにして文字通り差し出され、相手の人物に受け取ってもらえれば差し出した人の栄誉になるかのようだ。西欧人の目には最初は風変わりに映るかもしれないが、これは服従と大きな敬意を示すしぐさで、そのまま受け入れる必要がある。

318

ナマステ　伝統的なインドの挨拶では、胸の前で両手のひらを合わせて指を上に向け、ひじを張り、ときには軽いおじぎをして笑顔を見せる。このしぐさは正式な挨拶として用いられ——握手の代わりに使われる——「さようなら」を言うときにも使用できる。西欧の握手より深い意味を持っているので、敬意を払って受けなければならない。

319

手をつなぐ　手をつなぐしぐさは、人間に生まれながらにして備わっているものだ。子どもたちはとても小さいときから、最初は親と、その後は遊び友だちと、手をつなぐ。恋人同士では、その頻度とつなぎ方（握手のようにつなぐか、より親密で刺激的に指と指を組むか）がふたりの関係の近さや真剣さを示すだろう。そしてエジプト、サウジアラビア、ベトナムをはじめとした世界の一部地域では、男性同士が手をつないで歩く姿がごく一般的に見られる。

320

ＯＫサイン（明確さを強調する合図）　とても明確なことについて話すとき、話し手は親指と人差し指の先をつけて円を作る――米国ではＯＫサインと呼ばれているものだ。このしぐさは地中海諸国全域を通してごく一般的なもので、話しているあいだに特定のポイントを強調するために使われる。米国では同意を示すときやものごとがうまく行っているとき、つまりＯＫと伝えるときにも、このしぐさを使う。ブラジルなどの他の国では、穴を示す卑猥な表現と誤って受け取られる可能性があるので、注意すること。

321

政治家の親指　政治家が演説をしているとき、聴衆に向かって、または空中高くに腕を伸ばし、丸めた人差し指に親指を押しつけながら、的確な長所を強調することがある。要するに、これは精密グリップ（ペンなどを細かく動かしたいときの握り方）の変形だ。これも他の国々より米国でよく見られるから、ある程度は文化的なものだ。ビルおよびヒラリー・クリントン夫妻、バラク・オバマ、そしてカナダのジャスティン・トルドー首相はみなこのしぐさを知っていて、あるポイントを強調するときにいつも使っていた。

322 **指輪をいじる**　結婚指輪をまわしたり、抜いたりはめたりしていじるのは、気持ちを落ち着かせるため、または時間をつぶすためによく使われる反復行動だ。一部の人が指摘するような結婚生活の不幸を示すものではなく、自分を落ち着かせるための反復行動にすぎない。

323 **距離を置く**　何かまたは誰かに対して否定的な感情を抱くと、私たちは無意識のうちにそのものや人から距離を置こうとする。ダイエット中の人は食事中にパン籠を五センチか一〇センチ遠ざけるだろうし、アルコールの嫌いな人はテーブルから空のワイングラスを片づけてほしいと頼むことがある。私は、犯罪者が監視カメラの写真に触れるのを拒否したり、テーブル上で押しのけたりするのを見てきた。画像に自分が映っているのがわかっているからだ。このようなしぐさは、その人の心でその瞬間に何が最も重要なものかを教えているので、注目すべきものだ。

324 **手のひらで触らない**　親が一貫して子を手のひらで触りたがらないのは、重要な問題を示していることがある——子への無関心や、その他の何らかの異常な心理的距離が感じられるからだ。また、カップルが互いを手のひらで触らなくなり、代わりに指先で触るようになると、関係に問題がある可能性が高い（260を参照）。

325

脈絡のない腕と手の動き　腕と手をめちゃくちゃに動かしている人を見かけることがある。腕と手が、体の他の部分やその人の周囲に連動してないように見える。そのような場合、考えられるのは何かの精神状態や精神疾患の影響だ。支援が必要であれば状況を認識および理解して、珍しいもののようにじろじろ見ないようにすることが重要になる。

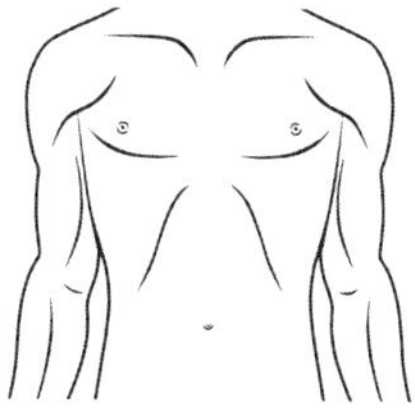

胸、胴、腹

胴体には生命の維持に不可欠な器官の大半が入っていて、通常は体の最も大きい部分を占めており、私たちは脅威を感じると真っ先にここを覆い隠そうとする。胴体は体の掲示板のようなもので、私たちが誰で、どのグループに属し、何をして生計を立てているか、さらには健康状態についてまで、（衣服の助けを借りながら）ヒントを与えてくれる。そしてもちろん私たちが生きるために不可欠な器官——心臓や肺など——が胴体にある。胴体はノンバーバルの研究ではほとんど注目されていないが、実際には人生の選択から感情まで、人に関する情報を集めるにはとてもすぐれた場所だ。

326

あえぎながら速く呼吸する　胸があえぎ、呼吸が速い人には、通常はストレス、心配、恐怖、気がかり、怒りがある。だがこのしぐさには年齢、直前の身体活動、不安、あるいは心臓発作まで関係してくるので、もちろんその場の状況が重要になる。よく観察し、必要があればすぐ行動を起こせる準備をしておくことが大切だ。

327

浅く速く呼吸する　浅くて速い呼吸は恐怖と不安を示すことが多く、パニック発作の場合もある。呼吸がどれだけ浅いかをよく観察して、不安のレベルを読み取ること。呼吸が浅ければ浅いほど、速ければ速いほど、苦痛は大きい。対処法として、息を大きく吸わせ、それからできるだけゆっくりと長い時間（三秒から五秒）をかけて吐かせ、それを繰り返すとよい。呼吸の回数を減らすのに役立つ。

328　**胸を押す**　緊張がつのった人は、親指と中指で（ときにはすべての指を使って）自分の胸や横隔膜の周辺を押し、急激に鬱積したストレスを解消しようとする。太陽神経叢または腹腔神経叢は胸の中心近くにあり、多くの神経が集まっていることから、ここを自分の力で押すことによって、なだめ効果が生まれるようだ。押す強さは、それぞれの必要に応じてとても軽いことも、かなり強いこともある。恐ろしいニュースを受け取った人が自分の胸を押す様子は、珍しいものではない。

329　**鎖骨《さこつ》を揉《も》む**　ストレスを感じた人は、手で反対側の鎖骨を（たとえば右手なら左の鎖骨の位置まで伸ばして）揉む。体の中心を横切る腕が保護の感覚を与えると同時に、鎖骨に繰り返し触れることで落ち着きを得られる。体のこの部分は触れることに対してとても敏感だ――ここが性感帯とみなされる理由になっている。

330　**指先を熊手のようにして何度も胸をこする**　すべての指を熊手のように用いて前後に動かし、胸の上部を繰り返しこするしぐさは、通常は確信のなさ、心配ごと、問題があるという大きな指標になる。不安を示す指標としてとても信頼性が高く、パニック発作の前兆の場合もある。このしぐさの大きな特徴は、手のひら全体をつかってこするのではなく、指をしっかり丸め、鉤爪や熊手のような形にしている点だ。

331 **手のひらを胸に当てる**　多くの文化で、人々は手のひらを胸に当てることによって誠実さを伝え、他の人と対面するときの友好のしぐさとして用いている。わたしの経験では、正直な人もウソをつく人もこのしぐさをするので、中立のものとして扱う必要がある。正直または誠実であることを伝えようとしているかもしれないが、どちらの証拠にもならない。犯罪捜査の場で、誰かが胸に手を当てて「私はやっていません」と言った場合、どれだけ正直そうに見えても、そのしぐさに重みや価値を見出すべきではない。とは言え、長年の経験で気づいたのは、正直に話している人は指の間を広くあけてより大きな力をこめ、手のひら全体を胸にしっかりと当てる傾向があるのに対し、ウソをついている人はおもに指先で胸に触れ、あまり力を入れないことが多い。それでも、ひとつのしぐさでウソがわかることはなく、この場合も同様だ。ひとりの人物の正直さや誠実さについて結論を下す前に、このしぐさがその他のしぐさと併せてどのように用いられているかを考慮するのが賢明だと言える。

332 **服を引っぱって空気を通す**　着ているシャツその他の衣服をつかんで引っぱると、体と衣服のあいだに空気を通すことができる。シャツの襟をつかんで何秒か首から離す方法でも、服をちょっとつまんで繰り返し引っぱる方法でも、ほとんどの空気を通すしぐさと同様にストレスを和らげるのに役立つ。これは何かがうまく行っていないことのすぐれた指標だ。もちろん気温が高い環境では、空気を通すしぐさはストレスというより熱に関係しているだろう。けれども、ストレスは体温を上昇させ、それも短時間のうちに熱を感じるようになるから、難しいまたは腹立たしい会合の場では出席者がよく空気を通している理由を説明できる。また女性は、上着の前側か腹部を引っぱって服に空気を通すことが多い。犯罪捜査で重要なのは、質問を聞きながら、または質問に答えたあとで、空気を通すしぐさをする人物だ。質問された内容が気に入らなかった可能性が非常に高い。

333 **ファスナーをいじる**　スウェットやジャケットのファスナーをいじるのは、神経質になっている人や緊張している人のなだめ行動だ。学生は試験前に不安を抱えながら、またポーカーのプレイヤーはバンクロールの減少を心配しながら、このしぐさをする。これはなだめ行動だが、同時に退屈しのぎの方法でもあることに注意する。

334 **身をそらす**　身をそらすのは、相手から遠ざかろうとするしぐさだ。隣に座っている人が何か不快なことを言うと、私たちはほんの少しだけ身をそらせ、離れようとするだろう。トークショーで、そのような場面をよく見かける。不快だと感じた人からどれだけ遠ざかるように身をそらせているのか、自分ではほとんど気づいていない。

335

椅子の背にもたれて上体を後方にそらす　椅子の背にもたれ、テーブルについている他の人たちから身をそらすのは、基本的には遠ざかるしぐさで、自分を隔離してじっくり考える機会を作っている。納得していない人や、まだ要点について考えている人は、再び議論に加われるようになるまでわずかに上体を後方にそらしていることが多く、しばらくしてからまた前かがみになる。一部の人にとっては、自分は考える時間が何分かほしいから議論から離れると他の人に伝える方法になる。あるいは、ここで他の顔の表情が役に立つわけだが、自分は議論されている内容を支持できないと判断した場合は、上体を後方にそらすことによってその考えを伝える方法にもなる。

336

前かがみに座る　誠実に交渉するか譲歩する準備が整うと、私たちは上体を後方にそらした姿勢から、前かがみの姿勢に移る傾向がある。これは多くの場合、前進する決心がついたことを伝える。小さいテーブルや机に向かって座っている場合には、あまり前かがみになりすぎて交渉相手を怖がらせることがないよう、注意が必要だ。チームで交渉しているなら全員が同じように座ることが大切で、チームのひとりが先に前かがみになって、譲歩したいという気持ちを全体として伝えたい時期より前に漏らすことがないようにする。

337 **横に向きを変える・体の前面をそむける**　体の前面（腹側）は、体のなかで最も傷つきやすい部分だ。そこで私たちは、好きではない人、不安を感じる人、いやなことを言う人には、体の正面を向けようとしない。いやだと思っている人に会うと、親しげな顔で挨拶するかもしれないが、無意識のうちに体をわずかに横向きにする。「体の前面をそむける」しぐさで、そのような相手には自分の体の最も攻撃に弱い部分を見せようとしない。友人同士でも、意見が食い違えば同じようにする。体の前面をそむけるのは、あなたとはいっしょにいたくない、あなたの言うことは好きじゃない、という気持ちのあらわれだ。

338 **腹側・体の前面を向ける**　私たちは好きな相手に体の前面（腹側）を向ける。これは子どもにも見られるしぐさだ。相手に関心があり、快適に感じていることを伝えている。座っている状態で会った人に好意を抱けば、時間とともに少しずつ、両肩と胴体をその人のほうに向けるようになる。つまり、体の前面を向けることによって相手に対する関心を徐々に示していく。

339 **腹側・体の前面を覆う**　ハンドバッグや学生カバンなどのものを使って急に体の前面を隠すのは、話し合いの内容に不安や不快を感じているあらわれだ。人は脅威や攻撃に対する弱さを感じると、枕（自宅で議論しているカップル）からペットまで、あらゆるものを膝に抱えて自分の腹側を守ろうとする。

340

姿勢を模倣する（ミラーリング）　私たちの胴体は、快適だと感じている人の姿勢を真似る傾向がある。このような模倣行動はミラーリングと呼ばれている。友人同士がいっしょに立っているとき、リラックスした姿勢がお互いにそっくりだと気づくことがあり、それはふたりがくつろいでいるという嬉しい兆候だ。デート中にひとりが身を乗り出すと、もうひとりも、快適に感じていれば、同じように身を乗り出す。ミラーリングは、会話、気分、気性にお互いが合意していることを示している。

341

身を固くして座る　長いあいだ身じろぎもせずに身を固くして座っている人は、ストレスを感じている。これは「固まる」反応のひとつで、犯罪捜査、警察の事情聴取、宣誓証言でよく見られる。あまりにも怖くて動けなくなってしまうせいだ。「固まる」反応は、まるでライオンに出合ったかのように、無意識のうちに起きる。身を固くして座っているのはウソをついている証拠ではなく、心理的な不快感をあらわしている。

342

脱出準備完了　ストレスを感じる面接を受けている人や、何かの責任を追及されている人は、軍用ジェット機からの脱出準備が完了したかのように、両方のひじ掛けをしっかり握って椅子に座っていることがある。これも「固まる」反応のひとつで、大きな苦痛や脅威を感じていることを示す。このしぐさが目立つのは、ほんとうに死にそうなほど、必死で持ちこたえているように見えるからだ。

343 **椅子を遠ざける**　これは、身をそらせるだけでは不十分な場合に相手から遠ざかる方法だ。文字通り、まるで誰も気づいていないかのように、椅子を後ろまたは遠くにどんどん動かしていく。私はある大学の辛辣な話し合いで、ひとりの教授がテーブルから完全に離れ、部屋の隅の窓際まで椅子を動かしてしまったのを見たことがある――まるでそれが当然のことのようだった。このしぐさは、感じた脅威から――その脅威が単なる言葉や考え方だったとしても――遠ざかることによって体の前面（腹側）を守ろうとする、無意識のレベルの動機に基づいている。

344 **前かがみになる**　前かがみの姿勢は状況により、リラックスしている、または無関心であることを伝えている。これは認知操作のテクニックとして十代の若者によく利用されるしぐさで、自分はどうでもいいと親に思わせようとするとき、前かがみになる。正式な仕事の場では避けなければならない。

345 **体をふたつに折る**　情緒不安に陥った人は、椅子に座って、または立ったまま、まるで腸の痛みをこらえているかのように、ウエストを中心にして体をふたつに折った姿勢になることがある。

通常は、両腕を胃の前に折り込んでいる。このしぐさを見かけるのは、病院など、人がとりわけ悪いニュースやショッキングなニュースを聞く可能性のある場所だ。

346 **胎児《たいじ》の姿勢**　極端な心理的ストレスを感じた人は、胎児の姿勢をとることがある。たとえばカップルが激しい言い争いをした場合、一方が感情に圧倒され、ストレスを和らげようと――黙ったまま――膝を抱えて身を丸くする胎児の姿勢で座ってしまう場合がある。枕など、近くにあるものを手にとって膝に抱えることもある（339を参照）。

347 **寒気《さむけ》がする**　ストレスによって、快適な環境にいても寒気を感じることがある。脅威、ストレス、または不安を感じたとき、逃げるか戦うかの準備を整えようと血液が主要な筋肉に集まって皮膚から遠ざかるために生じる、自律反応だ。

348 **胴体を包む服装**　私たちの胴体は衣類の大半を身につけているから、服装は外に向かって何かを伝えていること、そして着ている人はこれを活用できることを述べておきたい。衣服は、それぞれの文化で各人の地位を明らかにすることが多い。着ている衣服のブランドから色まで、服装のさまざまな点によって着ている人の受け取られ方が変わる。より従順にも、より権威主義的にも見せることができるし、求める職業へと後押しすることもできる。その人がどこから来たかを伝え、さらにこれからどこへ行くのか、どんな不安を抱えているかさえ明らかにする。私が研究したすべての文化で、服装は重要な役割を果たしている。誰かを評価して、その人が伝えている情報を読み取ろうとする際には、服装も考慮すべきもうひとつの要素になる。

349

妊娠中に腹を覆う　女性が心配をしているとき、または自信を失ったとき、よく片手で喉もとのくぼみや喉を隠す。だが妊娠している場合には、首を触ろうとして手を上方に動かすものの、急いで手の行き先を腹部に変え、胎児を守るかのように腹を覆う様子が見られる。

350

腹をさする　妊娠中の女性は繰り返し腹をさすることが多い。これは不快感を減らそうとしているだけでなく、無意識に胎児を守るしぐさでもある。触覚を伴う反復行動なので、なだめ効果があり、一部の研究者によれば血流にオキシトシンを放出させる役にも立っている。

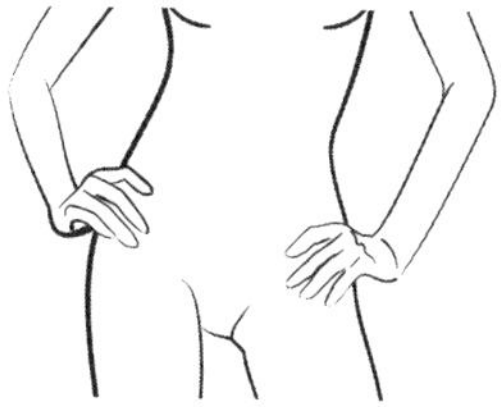

腰、尻、生殖器

ボディー・ランゲージのガイドなら、へそから太ももの つけ根までの部分についても記載が必要だ。私たちの腰は、二本足で素早く歩いたり走ったりできる適切な角度に曲がり、体形の中心となって人間の姿を作り上げているだけでなく、その人について――性と生殖に関する健康や官能に関することも含めて――何かを語っている。著名な動物学者のデズモンド・モリスが著書『ボディウォッチング』で指摘しているように、世界中のどこでも腰と尻は人を引きつけ、誘惑する。これまでに発見された最古の女性像で三万五〇〇〇年前に作られたとされるホーレ・フェルスのヴィーナスは、女性の姿を表現した名作で、腰、生殖器、尻が誇張されている。同様の像は世界中で見つかっており、体のこの部分がもつ自然な魅力を物語る。体のこの部分が、よく見なければ気づかない何を伝えているのか、探ってみることにしよう。

351　腰や尻を小刻みに動かす

腰を揺らしたり尻を小刻みに動かしたりするしぐさは、一か所にじっと座っていることのストレス、退屈、疲労を和らげる方法になる。激しい議論の最中にも見られ、感情が高ぶったときやその直後に、気持ちを落ち着けていることがわかる。つきあい始めたばかりの恋人同士ではめったに見られないが、やがて時間がたって話し合わなければならない問題が生まれれば、こうしたしぐさが出るようになる。

352　**腰の横をこする**　ストレスを感じている人は、腰と脚の横をこすって自分をなだめることがある。緊張したとき、手のひらの汗をぬぐうためにこする人もいる。このしぐさは試験前の学生や税関を通過しようとする旅行客でも見られる。

353　**腰と胴体を前後に揺らす**　心理的圧迫を受けている人は、座ったまま腰を前後に揺らすことがある。愛する者の死を目撃したような厳しいストレスによってこのしぐさが始まる場合があり、反復運動がなだめ効果をもつ。また、自閉症スペクトラムのような一部の精神障害をもつ人でも、このしぐさが見られる。

354　**腰を左右に揺らす**　退屈している人は、立ったまま自分では気づかずに腰を左右に揺らしていることがある。抱っこした赤ちゃんを寝かしつけようとして揺らす動作に似ている。腰を揺らすと内耳のリンパ液と感覚毛が動き、その感覚が大きな落ち着きをもたらす。これは腰と胴体を前後に揺らすしぐさ（353を参照）とは異なり、左右に揺らすものだ。

355　**腰を突き出す**　腰は男女に共通して、人から気づいてもらうために利用される。たとえばミケランジェロの有名なダビデ像は、コントラポスト（重心を片方の足にかけて立ったポーズ）で一方の脚がわずかに曲がっているために、腰の部分がより際立って魅力を増している。大きい腰は注目を集めるためにも利用でき、それはキム・カーダシアンが誇りを持ってつねに実行していることだ。腰を突き出すしぐさは、通常は求愛行動で見られ、自分を気づいてもらうために用いられる。世界中の多くの文化で腰は若さと多産の象徴とされ、とくに求愛する年齢では目立って誇示される。

356
生殖器を触る

教師はよく、少年たちが、ときには少女も、衣服の上から自分の生殖器を触る事例を報告している。これはとても自然なことだ。生殖器には驚くほど多くの神経末端が集中しているため、触ると落ち着きや冷静さを得られるばかりか、心地よくも感じられる。子どもたちはやがてこのしぐさを卒業するので、異常なことではなく、過度に心配する必要はない。

357
股間《こかん》をつかむ

マイケル・ジャクソンが踊りながら披露したこのしぐさは、はじめて登場したときには多くの人々に衝撃を与えたが、今ではエンターテインメントでごく一般的なものになっている。一部の男性がこのしぐさをする理由については、注目を引くため、男らしさを誇示するため、あるいは単に快適になるよう調整するためなど、数多くの理論がある。大人の男性がオフィス内のように近い距離で繰り返しするのは非常に気になると、私は女性たちから意見を聞いている。公衆の面前ではたしかに避けるべきしぐさだ。

358 **両手で生殖器を囲む**　映画や写真の中でカウボーイがしているのをよく見かけるポーズで、男性が両手の親指をズボンのウエスト部分かベルトの内側に差し込み、残りの指を股の両側にダラリと垂らす。このようにして両手で生殖器を囲むしぐさは、注目を引き、男らしさを誇示するために用いられる。通常はひじを横に大きく張り出し、男性をより大きく、より強く見せる。

359 **生殖器を隠す**　人は状況に応じて、両手を使って生殖器（股間）を隠すことがある。たとえばエレベーターの中では、男性がそのような姿勢をとりながら数字を見上げたりドアのほうを見たりしている。このしぐさは、社会的不安を和らげたい場合、または誰かがとても近くに立っている場合に、効果を発揮することがある。

360 **脚を大きく広げて座る**　男性が両脚を大きく広げて座る姿は「マンスプレッディング」とも呼ばれ、公共交通機関内でよく見かける。ひとりで大きなスペースを占領するので不作法とみなされ、脚の内側や股の部分を見せるのは配慮に欠けており、身勝手な座り方だ。

脚《あし》

人間の脚は動物界で他に類を見ないもので、腰の部分で内側を向いているから、私たちは歩き、走り、疾走し、登り、蹴《け》り、突進し、泳ぎ、自転車に乗ることができる。私たちは自分の脚を移動や身を守るために利用し、優越を誇る際にも活用できるうえ、安定した錨となって、わが子が緊張したり恥ずかしがったりしたときにしがみつかせることもできる。筋肉質の脚、長い脚、ずんぐりした脚と、持ち主と同じくらい多様性にも富んでいる。ノンバーバルという点では無視されやすいが、気品から緊張感、喜びまでを伝えることができる。そして私たちの脚は生き残りのための道具の役割も果たしているので――走って逃げるのを助けてくれる――他の人のことをどう感じているかについて、とても正直だ。

361　**間にとる空間の大きさ**　人類学者のエドワード・T・ホールは、すべての動物が個人空間を必要としていることを説明するために、「近接学（proxemics）」という用語を生み出した。他の人があまりにも近くに立つと、誰でも不快になるだろう。私たちが必要とする空間は、文化的要素と個人的な好みの両方によって決まる。ほとんどのアメリカ人が快適と感じる周囲の人との距離は、パブリック・スペース（公共の場での距離）が三・五メートルから七・五メートル、ソーシャル・スペース（社会的な距離）が一・二メートルから三・五メートル、パーソナル・スペース（個人的な距離）がおよそ〇・五メートルから一・二メートルとされている。さらにインティメート・スペース（親密な距離）が〇・三メートル以内で、その近さまで誰を近寄らせるかにはとても敏感になる。もちろんこれは概算で、人によっても文化、国籍、場所、時間によっても、このような距離は異なってくるだろう。夜間であれば、見知らぬ人と三メートル以内に近づいて歩くのは不快感があるかもしれない。

362 **縄張りを主張する立ち方**　私たちは立ち方によって縄張りを主張するために、脚を利用している。両脚を大きく開けば開くほど、主張する縄張りが広くなる。立ったときの足幅の広さからは、いろいろなことがわかる——軍人や警察官は、たとえば会計士やエンジニアよりも、立ったときの足幅が広い傾向がある。足幅は明らかに、自信の強さと無意識のうちの縄張りの主張を示している。

363 **縄張りへの挑戦**　議論が白熱すると、意図的に相手の個人空間に侵入して、まさに顔の目の前に立ち、胸を突き出しながらにらむ人がいる。このような個人空間への侵入は相手を怯えさせるためのもので、身体的な暴行の前触れになることがある。

364 **体の向きを少し横にそらす**　誰かと話をするとき、ほとんどの人は真正面で向き合わず、少しだけ斜めを向いている。子どもたちが初めて出会うと、ふつうは互いに少し斜めを向きながら近づく――これには意味があり、少しでも歓迎されたいと思っているからだ。ビジネス界で働く人たちを見ていると、互いに体の向きを少し横にそらせて立っている場合は、いっしょに過ごす時間が増えていく。とげとげしい雰囲気がある場合には、相手に正面を向けず、わずかに斜めを向いて立つのが最もよい方法で、否定的な感情を拡散して減らすのに役立つだろう。

365

歩くしぐさ

歩き方は多くを物語っている。わざとセクシーに歩く人もいれば（たとえば、マリリン・モンローの歩き方）、強さと決意を示しながら歩く人もいる（ジョン・ウェインの歩き方）。さらに、重要な任務を負っていることがわかる人、リラックスして呑気な人、また映画『サタデー・ナイト・フィーバー』の冒頭のシーンでジョン・トラボルタ演じる人物が歩いたように、誰かに気づいてほしいと思っている人もいる。また単に歩き方だけでなく、よく見てほしい、気づいてほしいという気持ちで近くを歩く頻度によって、他の人に対する関心の強さもわかる。

366

歩く速さを決める

集団の中で歩く速さを決めているのは、通常はその集団の責任者だ。私たちは最も年長の人か集団のリーダーに合わせて、歩く速さを調整している。十代の若者も同様で、集団の中で最も社会的に突出した人に歩く速さを合わせることで、その人の意見に従っている。集団の最後の人がリーダーで、速くならないように歩く速さを決めているかもしれない。集団を分析する場合には、先頭に立っている人がリーダーとは限らず、歩く速さを決めている人がリーダーの場合があることを忘れてはならない。

367 **座るしぐさ**　文化によって座り方は異なっている。アジアの一部には、バスを待っている人たちが膝を立ててしゃがんでいる国がある。別の文化では、糸車をまわすガンジーのように、脚を折りたたんで座ることもある。ヨーロッパなどでは一方の脚をもう一方の膝の上にのせ、足の裏を下に向けて（足を組んで）座ることがある。アメリカにはさまざまな座り方があり、一方の足首をもう一方の膝の上にのせ、足を高い位置に保った4の字の形にして座ることがある。座るしぐさに関しては、その土地の習慣と迎えてくれた人に従うことが大切だ。

368 **両脚をつけて座る**　座り方によって自信の程度がわかることが多い。両脚が急にピタリとつくのは、確信のなさをあらわす。もちろん座り方は文化によって異なるが、一部の人たちは感情の動きに応じてはっきりと脚を動かし、自信の程度を明らかにする。多くの場所で、女性は社会的な慣習として膝をつけて座ることを覚えておく必要がある。

369 **両脚を広げて座る**　面接や会議の席で、座っている人の両脚が急に大きく広がるのは、快適さや自信が増したことを示している。これは普遍的な縄張りの主張で、両脚が大きく広がれば広がるほど、主張する縄張りが大きくなる。男性で目立つしぐさだ。

370 **足首を組む**　座っているとき、とくに正式な場では、足首を組んでしっかり固定する人をよく見かける。異論のある、または難しい議題が話し合われているときには、私は急にこのしぐさをする人を探す。これは通常、その人が自分を抑えている、遠慮している、躊躇している、または心理的に不快を感じているシグナルだ。

371 **椅子の脚に足首を固定する**　確信のなさ、恐怖、または心配が生じると、足首を椅子の脚にからめて固定する人がいる。もちろん習慣的にこの座り方をする人もいるが、質問のあとや、微妙な問題を話し合っている最中に突然、足首を椅子の脚にからめるのは、何かがうまく行っていないことを示す強力な指標だ。これは「固まる」自制の反応のひとつに数えられる。

372 **両膝《ひざ》をしっかりつけて上体をそらす**　両膝をしっかりつけている状態は、その人が自制していることをあらわしている。緊張している就職希望者でよく目にするしぐさだ。両足を地面に固定し、両膝をしっかりつけ、ストレスのためにこわばったように上体をそらす。

373 **両膝をしっかりつけて前かがみになる**　座っているときに両膝をつけ、手を膝に置いて前かがみになるのは、通常、立ち去る準備ができていることを示す。足は「スタートの姿勢」をとり、一方の足を前に出している場合が多い。会議中には、自分が最も高い立場にいる場合を除いて、このしぐさをしてはいけない。別の人が責任ある立場または上位にいるのに自分から立ち去りたいシグナルを出すのは、失礼にあたる。

374 **座っているとき、相手との間に垣根を作るように脚を組む**　座っているとき、相手との間に垣根を作るように――膝を反対の脚の上に高々と上げて――脚を組むのは、何かの問題、隠し立て、または社会的不快感があることを示している。家庭でも職場でも、これは感情を正確に反映するしぐさだ。不快な話題が出た途端、こうして脚を組む人をよく見かける。

375 **何かに脚をかける**　自信または優越感を持っている人は、無意識のうちに脚を机、椅子、その他のものに――他の人にまで――かけて、縄張りを主張する。上司のなかには、ひとつの椅子に座り、もうひとつの椅子に脚をかけるのが習慣になっている者もいる。

376 **太ももをこする**　太もも（大腿四頭筋）の上側をこすると、強いストレスがある場合になだめ効果がある。ふつうはテーブルや机の下に隠れているので、見逃しやすいしぐさだ。

377　**膝《ひざ》をこする**　ストレスを感じている人や、何かワクワクするようなことを期待している人は、膝のすぐ上の部分を繰り返し引っかいたりこすったりする場合がある。ほとんどの反復行動と同様、なだめ効果があり、興奮や緊張を癒してくれるしぐさだ。

378　**足首を掻《か》く**　緊張した状況で、足首を掻く人は珍しくない。ストレスを和らげるとともに、皮膚に空気を通す役割も果たす。ポーカーでポットが大きくなったときや、犯罪捜査の尋問で難しいことを尋ねられたときに、よく見られるしぐさだ。

379　**膝《ひざ》を曲げる**　立っている人が素早く膝を曲げるしぐさで、見ていてわかるほど沈み込む。ふつうはすぐ元の姿勢に戻る。これはとても子どもじみたしぐさで、小さい子が癇癪を起こすのに似ている。私はレンタカーのカウンターで大の男が、借りようとした車が今はないと言われてこのしぐさをしたのを見たことがある。

380　**脚をブラブラ揺らす**　小さい子どもがおしゃべりしながら、または何かを待ちながら、脚を前後にブラブラ揺り動かしている光景はお馴染みだろう。これは反復のしぐさで、冷静になったり時間をつぶしたりするのに役立つ。大人も誰かの到着を待っているときに同じことをする場合がある。不安を隠すのに用いられ、内気で不慣れな人が初デートでよく見せるしぐさだ。

381　**足首を揺する**　立っている人が、足首を繰り返し横方向に揺すっているのは、落ち着きのなさ、動揺、敵意、または焦燥のあらわれだ。足首を揺すると体全体が動くので、よく目立つ。

382　**膝をかかえる**　十代の若者が膝を胸の高さまで上げて、両脚をかかえている姿をよく見かけるだろう。これは音楽を聴く時間を楽しんだり感情を整理したりするのに役立つ、とても快適な姿勢だ。犯罪の容疑者が取り調べを受けているあいだに、ストレスに対応しようとこのしぐさをするのを見たことがある。

383　**脚を交差させて立つ（快適）**　ひとりでいるとき、または周囲の人といっしょにいて快適に感じているとき、私たちは脚を交差させて立つことがある。けれども誰かのせいでほんの少しでも心理的な不快を感じると、すぐに交差させた脚を元に戻す。不快な人物からすぐ離れる、またはその人物から身を守る必要がある場合に備えるためだ。エレベーターの中では、先に乗っていた人が脚を交差させて立っていても、知らない人が乗ってきた途端に脚を元に戻す光景に気づくだろう。

384　**座って脚を蹴り出す**　膝の上に組んで小刻みに揺らしていた（反復運動をしていた）脚を、何かの質問を受けた途端に大きく上下に蹴るのは、その質問に対して大きな不快感があったことを示している。その人が普段からいつもしている場合を除き、これはなだめ行動ではない。何か不愉快なものを蹴飛ばしている無意識の動作だ。質問や発言に反応して急に蹴り出すしぐさをするなら、通常は、強い否定的感情に関連している。

385 **跳ねる（喜ぶ）**　肯定的な感情が、世界中いたるところで見られるこの重力に逆らう行動を引き出している。霊長類の動物たちも、褒美をもらえるとわかったとき、人間そっくりに喜んで跳ねる。私たちの脳内で感情をつかさどっている辺縁系が自動的にこのしぐさを指示するので、選手がゴールを決めた瞬間、誰に言われなくても観客全員がいっせいに跳ねるように立ち上がる。

386 **非協力的な脚と足**　子どもは、ときには大人も、足を引きずり、蹴り、ひねり、ずっしり重くて動かなくなったふりをして、反抗心を示す。子どもは行きたくない場所に行くのを拒んでこうしたしぐさを見せるし、大人も争うことなく逮捕に抵抗するために同じことをする。こうした人たちの脚は何かに対して感じている本心を、明白に、疑う余地なく伝えている。

387 **バランスを失う**　バランスを失う原因には、低血圧をはじめとした数多くの内科的疾患もあれば、急に立ち上がったという単純なものもある。薬物やアルコールも影響を及ぼす場合がある。年齢も要因のひとつだ。誰かが急にバランスを失うのを見たら、すぐに力を貸すことを考えなければならない。高齢者が転ぶと、骨が弱っているために悲惨な結果を招くことがあるので、すぐに対処する必要があることを念頭に置く必要がある。

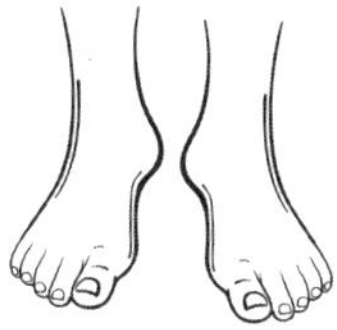

足

レオナルド・ダ・ヴィンチは数十年にわたって人体の解剖と研究を続けた後、「人間の足は、工学の傑作であり、芸術品でもある」と述べている。足は体の他の部分に比べると小さいが、全体重を支えるとともに、動き、振動、熱、冷たさ、湿度を感じる上で非常に貴重な存在だ。私たちは体の他のどの部分よりも大きい圧力を足に加えている上に、窮屈な靴と際限のない移動によって痛めつけてもいる。足は、わずかに触れられても感じるほど敏感で、官能的でもありながら、空手の蹴りで煉瓦を割ることもできる。体の他の部分と同様に与えられた仕事を見事にこなしているから、私たちはバランスをとり、歩き、登ることができる。だがそれだけでなく、足は私たちの気持ちや意思、そして恐怖までも、伝えているのだ。

388 **足の動きを止める**　急に足の裏全体を地面につけて動きを止めるのは、心配ごとや確信のなさを表している。人は脅威を感じたとき、または気がかりなことがあったとき、動きを止める傾向がある。これは捕食者に気づかれないようにするために進化した反応だ。

389 **足を後方に引く**　就職の面接会場で、面接を受けている人が聞かれたくなかった微妙な質問をされたとき、急に足を後方に引いて、椅子の下に隠してしまうことがある。この動きはとても目立つことがあり、「これまでに解雇された経験はありますか？」などの、返答が難しい質問の直後に見られる。家庭内では、十代の若者が前の晩どこに行っていたのかを尋ねられると、同じことをする。

390　**足で戯《たわむ》れる**　私たちの足は好きな人のほうに引き寄せられる。恋人同士なら、足はほとんど無意識のうちに相手に向かって動き、触れ合うようになる。恋人になりたてのころ、よくテーブルの下で足を使って戯れているのはそのせいだ。戯れの触れ合いは、人と人を結びつける重要な役割を果たす。神経学的には、足に触れられた感覚は脳の頭頂葉に沿った感覚野に投射されるが、その場所が性器の投射される場所にとても近いからだ。

391　**足を揺り動かす**　これもなだめ効果のある反復運動だ。誰かに急いでほしいと思いながら待っているとき、爪先とかかとを交互に地面につけながら、足を前後に揺り動かすことがある。前方に揺れたときに体が上昇するので、これも重力に逆らう行動のひとつだ。足を揺り動かすと退屈しのぎになるだけでなく、自分が責任者であることを明らかにすることもできる。

392　**片足の向きをそらす**　誰かと話しているとき、少しずつまたは急に片足だけドアの方向に向けて、もう行かなければならないというシグナルを出すことができる。ノンバーバルで「私はもう行かなければなりません」と伝える方法だ。これは意図的な合図で、話している相手が無視すると非常にイライラすることがある。相手の様子に気を配り、もしその人の片足の先が向きを変えたら、気づくようにしなければならない。たぶん、もう行かなければならない時間だ。

393　**両足の向きをそらす**　誰か嫌いな人の姿が見えると、私たちは両足の向きを変えてドアの方に進んだり、その人と反対の方向に進んだりすることは珍しくない。私は長年にわたって陪審員団を見てきているが、陪審員の両足は、嫌いな目撃者や弁護士が話し始めた途端に陪審員室の方を向くことが多いのに気づいている。パーティーの席上では、ふたりの人が向き合って社交的な微笑みを交わしているのに、両足の向きが相手からそれていれば、どうやらそのふたりは互いを嫌っているらしいことがわかる。

394　**爪先を内側に向ける・内股《うちまた》**　確信がない人、恥ずかしがっている人、内向的な人、またはとくに傷つきやすいと感じている人は、爪先を内側に向けることがある。一般的には子どもに見られるしぐさだが、一部の大人でも見られ、何らかの情緒的な欲求や心細さがあることを示している。

395　**爪先を上に向ける**　直接または電話で会話をしながら、片足のかかとを床につけたまま、爪先を斜め上に向ける人がいる。これは重力に逆らう行動で、ふつうは肯定的な感情をあらわしている。仲の良い友人同士がばったり会えば、おしゃべりをしながらこのしぐさをするだろう。

396

足の裏を見せる　世界の多くの地域で、なかでも中東、アフリカ、アジアの一部では、足や靴の裏を見せるのは失礼にあたる。外国旅行に出かけたら、座り方に気をつけなければならない――足首をもう一方の膝の上にのせると、足や靴の裏が見えてしまう。両足を床や地面につけるか、一方の脚をもう一方の膝にかけるようにして脚を組み、足や靴の裏が下を向くようにするのが望ましい。

397

嬉しそうに跳ねる足　私たちは嬉しそうな足――生き生きとして跳ねる足――によって、高まった感情を表現することがある。たとえば子どもに、これからテーマパークに連れて行くと伝えれば、確実にこの足を見ることができる。ただし、大人でも同じことだ。たとえばポーカーのプレイヤーがモンスターハンドを手にすると、その両足がテーブルの下で嬉しそうに跳ねる。足そのものは見えないが、着ている洋服が肩先まで揺れたり震えたりすることが多い。

398

足でリズムをとる　足でリズムをとるのは、時間をつぶすとき、音楽に合わせてテンポをとるとき、または、指先をパラパラ動かすのと同じく何かを待ちきれないときに見られる、お馴染みのしぐさだ。通常は爪先だけを動かして、かかとは地面につけたままだが、かかとでリズムをとることもできる。

399 **爪先を小刻みに揺らす**　自分が爪先を小刻みに揺らしているのに気づいたことがあるだろうか？　おそらく、気分がよかったとき、ワクワクしていたとき、または何かを待ち望んでいたときだろう。爪先の動きが神経を刺激して退屈やストレスをまぎらわすのに役立つとともに、嬉しそうに跳ねる足と同様、興奮のシグナルにもなっている。

400 **落ち着かない足**　テーブルを離れて遊びたくて仕方がない子どもの落ち着かない足は、どの親にもお馴染みのものだ。だが大人ばかりの重役室でも、私たちの足は度を越えた落ち着かない動きによって、その場を離れたいことを伝えている。たとえば、繰り返し位置を変える、左右に動かす、足を引っ込める、かかとを何度も上下させるなどの動きをあげることができる。

401 **せわしなく往復する**　多くの人はストレスを感じると、行ったり来たり、せわしなく往復する。これはすべての反復運動と同じで、なだめ効果を発揮する。

402 **願望の指標となる足**　私たちの足は、何かまたは誰かに近づきたいというシグナルを出すことが多い。私たちの足は、キャンディが並んだショーウィンドウや関心を抱いている人物の引力に引き寄せられる。また、いっしょにいる人を好きな場合には、離れようとして身をそらせてもその場に足だけ釘付けにされたような姿勢になることもある。

403 **癇癪《かんしゃく》を起こした足**　子どもが脚をねじりながら両足を動かし、じたばたするときに最もよく見られるもので、その子どもの気持ちは誰にでもすぐわかる。だが子どもだけではなく、大人も同じようにするのをときどき目にすることがあり、私はある会社の重役が飛行機の予約を取り消されたときに見かけた。これは足が感情も伝えられることを思い出させる事実であり、足につながる脚は体じゅうで最も大きい筋肉を備えているから、その効果も最大になる。

404 **足を踏み鳴らす**　足を踏み鳴らして感情をあらわにするのは子どもだけではない。憤慨した人、または我慢の限界に達した人によく見られる。私は、ちっとも進まない行列に並んでいる男女が足を踏み鳴らすのを見たことがある。たいていの場合、気づいてほしくて足を一回だけ鳴らす。

405 **靴下を引っぱる**　ストレスを受けると皮膚の温度が急激に上昇するため、多くの人は膝から下の脚と足を不快なほど暑く感じる。そこで、ストレスを感じたとき、靴下を引っぱって空気を通し、それを何度も繰り返す人がいる。これはとても大きい心理的不快感があることを伝えるシグナルだが、あまり気づかれないしぐさだ。

406

足で靴をブラブラ揺らす　誰かといっしょにいて快適に感じている人は、なかでも女性は、靴をかかとから外して足の甲でブラブラ揺らすことがある。デートの場面でよく見られる光景だ。その女性が何かを不快に感じた瞬間、またはいっしょにいる人の話を面白いと思わなくなったら、きちんと靴をはいてしまう。

407

全般的な足と脚の動揺　足をそわそわ動かして移動する、行ったり来たりする、何の目的もなく大急ぎで走って往復するなど、動揺した様子を見せる人がいる。これは、薬物へのアレルギー反応、違法薬物の摂取、悲劇のあとのショック、またはパニック発作のように、医師による診断の対象となる状態の可能性がある。これらの行動と同時に、こぶしを握りしめる、手をそわそわ動かす、唇を噛む、目がぴくぴく痙攣するなどの症状も見られるかもしれない。全身に及ぶ動揺した状態は、どこかに異常があり、その人が対応に苦しんでいるノンバーバルのシグナルだ。医学的な支援や心理的なカウンセリングが必要と思われる。そのような状態のときに、動揺している本人が理路整然と話したり考えたりできると期待してはならない。

結論

読者のみなさんが周囲の世界を見る目を養い、ノンバーバルと呼ばれるこの無言の言語を通して周囲の人々を理解して正しく評価できるようになるために、本書が役立つことを心から願っている。ただし、本書を読むことははじめの一歩にすぎない。次にはもっと興味深い段階が待っている。学んだことを実際の世界で探し、吟味するという段階だ。「現場で」、毎日、自ら観察したことを検証することによって、人間のしぐさを読み解く自分だけのスキルセットを生み出すことができる。学べば学ぶほど、検証すれば検証するほど、どんどん簡単になり、他の人が見逃しているサインにもすぐ気づくようになるだろう。

私たち人間は誰もが人間と関わり合って生きている。周囲の人と調和するということは、周囲の人を気にかけることに他ならない。リーダーシップとは理解とコミュニケーションを意味し、ボディー・ランゲージはそのなかの重要な要素だ。有能なリーダーはバーバルとノンバーバルというふたつのチャンネルを通して聴き、伝える。私たちの世界はますますデジタル化され、非人格化されてはいるが、人間関係を築き、信頼と親密な結びつきを確立し、他者を理解し、共感を持って関わっていくためには、顔と顔を合わせた交流が非常に重要であることに変わりはない。テクノロジーにはそれなりの用途はあるが――私が本書を書くのにも役立った――親友や一生をともに過ごす人を選ぶという点ではまだ限界がある。私たちが伝える、そして周囲の人たちから受け取るノンバーバルの合図は、ほんとうに大切なものだ。

もちろん、一冊で人間のしぐさを網羅できる本など存在しない。他の人たちは別のしぐさに焦点を合わせ、私が取り上げた範囲を超えて私たちの知識に貢献してくれることだろう――いつの日か、読者のみなさんがそうしてくれるかもしれない。私はつねに自分の知識と経験を他の人々と共有しようと心がけ、そうすることによって大きな幸せを感じてきた。みなさんにもぜひ、ボディー・ランゲージとノンバーバル・コミュニケーションについて学んだことを、他の人々と共有してほしい。私たちが毎日していることの理由を学んで私の暮らしが豊かになったように、みなさんの暮らしも豊かになることを願っている。とても楽しい旅だった。いっしょに旅をしてくれたみなさん、ありがとう。

謝辞

私は本を書き始めるときにはいつも、それまでに至る道のりには、書くことにとどまらずさまざまな点で多くの人々の助力があったことを自覚し、忘れないようにしている。質問に答えてくれた先生の名前、いっしょに昼食をとった隣人、私が関心事を鍛錬できるよう指導してくれたコーチのことは記憶の彼方にあるので、今では顔を見てもほとんどわからないだろう。私はそれらの人々の名前を忘れてしまったが、思いやりに満ちたその行動を忘れることはない。また、北京からブカレストにいたる世界中の街で私の著書を手に取り、ソーシャルメディアで私をフォローし、書くことを勇気づけてくれているみなさんのことも、けっして忘れることはない。すべてのみなさん、ほんとうにありがとう。

アシュレイ・ローズ・ディングウォール、原稿を読み、貴重な忠告を与えてくれた力添えに、心から感謝している。ＦＢＩの男性と女性、なかでも公表前審査ユニットのメンバーには、いつも根気強く支援してくれたことにお礼を言いたい。

ウィリアム・モロウからはこれまでに四冊の本が出版されているが、それはひとえに発行人のリアーテ・シュテーリクや、ライアン・カリー、ビアンカ・フローレス、レックス・モードリン、そしてプロダクション・エディターのジュリア・メルツァーをはじめとしてこのプロジェクトで仕事をしたすばらしいチームのおかげだ。ウィリアム・モロウでこのプロジェクトを担当した編集者のニック・アンフレットには、時間をかけたり急いだりと専門的な指導力を発揮してくれたことに、感謝の意を表したい。ニックは、時間もアイデアも編集プロセスも、寛大に惜しみなく注いでくれた。彼とその同僚たちの力があったからこそ、この仕事が可能になった。ほんとうにありがとう。

アブラムズ・アーティスト・エージェンシーの書籍部門責任者で、私の友人、著作権代理人でもあるスティーヴ・ロスには、最も深い感謝の気持ちを抱いている。スティーヴは、話を聞き、気を配り、助言し、仕事を終わらせてくれる、ほとんどの著者が求めるエージェントであり、並ぶ者のない存在だ。最も必要なときに助言し、リーダーシップを発揮してくれたことにお礼を言いたい。スティーヴの同僚のデヴィッド・デラーとマディソン・デトリンガーにも、これをはじめとしたいくつものプロジェクトで手を貸してくれたことに感謝している。

いつも私を支え、私が好奇心を発揮して自分なりの道を進むのを許してくれた家族がいなければ、私が今ここで本を書いていることはなかっただろう。両親のマリアナとアルバート、私が成功できるようにと払ってくれた多くの犠牲にお礼を言いたい。妹のマリアネラとテリー、心から愛している。

娘のステファニー、きみは最愛の存在だ。ジャニス・ヒラリーとロンドンの私の家族、いつも変わらない励ましと理解に感謝している。

最後に、私がするあらゆること、なかでも書くことを見事に支えてくれる妻のスリス、ほんとうにありがとう。きみの優しさによって私は強さを手にし、きみの励ましによって私はあらゆる点で上を目指すことができる。私の人生にきみが加わってから、私は大きく飛躍した。毎日、最も重要な点で——きみのするあらゆることから——愛情を感じている。

訳者あとがき

本書は、原題（*The Dictionary of Body Language*『ボディー・ランゲージの辞書』）にあるように、人々が見せる多様なしぐさとその意味を列挙した辞書の形式をとっている。このユニークな本は、言葉を介さずに相手の気持ちを読み取るノンバーバル・コミュニケーションを専門とする著者ジョー・ナヴァロが、私たちの何気ないしぐさの意味を簡単に調べられる「フィールドガイド」がほしいという読者の要望に応えるかたちで生まれたものだ。誰もが無意識のうちにしているしぐさを体の上（頭）から下（足）への順に取り上げ、そのときの心の動きを解説している。

たとえば、目を少し見開くようにして「眉《まゆ》をアーチ型に上げる」しぐさは、実際にやってみると「ああ、たしかに、たまにしてしまうし、人がしているのも見たことがある」と納得がいくだろう。そして、誰もが思い当たるであろうこのしぐさは、本書で三つの項目にわたって解説されている。番号30の「幸せそうな表情で」、32の「緊張した表情で」、そして33の「顎《あご》先を首の方向に引きながら」

だ。著者は「読みながらそれぞれのしぐさを自分でやってみることをお勧めする」と書いているので、早速、説明の通りに目を輝かせたり、両唇をきつく押しつけたり、口を閉じて顎を首の方向に引いたりしながらやってみると、それぞれの気持ちが違うのがよくわかる。そのうえ、眉《まゆ》を一瞬だけ上げて挨拶や合図を送ることもできる（31）。簡潔でありながら、人の心を知るためには欠かすことのできないこうしたきめ細かさを備えているのが、本書の大きな特徴だ。

また、320「OKサイン（明確さを強調する合図）」も、実際にやってみれば「トランプ大統領だ！」とすぐに気づくのではないだろうか。トランプ大統領が演説をしながら親指と人差し指の先をつけ、両手ともに円を作って振っている姿が、ニュースを通して目に焼きついていると話す人は多い。あれは聴衆に向かって、自分がとても明確なことを話していると力いっぱい強調しているわけだ。このように、全部で407ある項目を順に読みながら、実際にやってみられるものはやってみて心の動きを確かめていくと、何気ないしぐさの背景にある心の動きがはっきりと見えてくる。ひと通り読んだあとは身近に置いておけば、誰かのちょっとしたしぐさが気になったとき、その気持ちを知るのに役立つに違いない。

著者がノンバーバル・コミュニケーションの研究でとくに重視しているのは、私たちが祖先から受け継いだ大脳辺縁系の（生き残りのための）反応だ。自分では意識していなくても、危険を察知すれば体が自然に反応するし、危険から逃れようともする。また快適なときも不快なときも、知らない間に体を動かしている。なかでも注目に値するものが「なだめ行動」で、人間が（ほかの動物も同じなのだが）何かの不安を抱く、脅威を感じる、または心配をする経験をしたあとに、少しでも不快な気持ちを軽減して心を静めようと、無意識のうちにするしぐさのことだ。驚くほどたくさんあるので、その意味がわかれば、人の心の動きをとっさに理解するのに役立つ場面が増えるだろう。

この「なだめ行動」をはじめとしたさまざまなしぐさについては、著者の前作『ＦＢＩ捜査官が教える「しぐさ」の心理学』（河出書房新社）で詳しく説明されている。本書がシンプルな辞書形式をとり、簡単に参照できる便利な一冊を目指しているのに対し、『ＦＢＩ捜査官が教える「しぐさ」の心理学』は体系的にまとめられた解説書で、写真とエピソードも添えられて理解を深めるのに役立つだけでなく、読み物としても楽しめるものになっている。本書の各項目のつながりや背景を知りたい読者には、一読をお勧めしたい。

著者のジョー・ナヴァロは二五年にわたってＦＢＩ捜査官を務め、スパイ防止活動と行動評価の分野で活躍しながらこつこつと研究を続けてきた。現在は世界屈指のノンバーバル・コミュニケーション専門家として、世界各地で講演活動や大企業のコンサルティングを続けている。一方でセントレオ大学の客員教授を務めるとともに、ハーバード・ビジネススクールでも頻繁に講義を担当する。また独自の研究の成果を伝える数々の著作を通して、周囲の状況や人々に対する観察眼を磨くよう読者に勧めている。言葉を聞かなくても人の心を読み取れるようになれば、人間関係の構築に役立つだけでなく、自分の身を守ることにもつながる。本書はそのように「世界を見る目を養う」最初の一歩を先導するだけでなく、「無言の言語を通して周囲の人々を理解」する旅の、よき道連れになるに違いない。

本書が長く、読者の傍らに置かれることを願っている。最後になったが、本書の翻訳にあたってお力添えをいただいた河出書房新社の揣木敏男さんに、この場をお借りして心からお礼を申し上げたい。

二〇一九年三月

西田美緒子

チュア』デズモンド・モリスほか著、多田道太郎／奥野卓司訳、ちくま学芸文庫、2004 年）
Navarro, J. (2016). "Chirality: A look at emotional asymmetry of the face." *Spycatcher (blog). Psychology Today,* May 16, 2016. https://www.psychologytoday.com/blog/spycatcher/201605/chirality-look-emotional-asymmetry-the-face.
Navarro, J., & Karlins, M. (2007). *What Every BODY Is Saying: An ex-FBI agent's guide to speed-reading people.* New York: HarperCollins Publishers.（『FBI 捜査官が教える「しぐさ」の心理学』J・ナヴァロ／M・カーリンズ著、西田美緒子訳、河出文庫、2012 年）
Navarro, J., & Poynter, T. S. (2009). *Louder than words: Take your career from average to exceptional with the hidden power of nonverbal intelligence.* New York: HarperCollins Publishers.（『FBI 捜査官が教える「第一印象」の心理学』ジョー・ナヴァロ／トニ・シアラ・ポインター著、西田美緒子訳、河出書房新社、2011 年）
Panksepp, J. (1998). *Affective neuroscience: The foundations of human and animal emotions.* New York: Oxford University Press.
Ratey, J. J. (2001). *A user's guide to the brain: Perception, attention, and the four theaters of the brain.* New York: Pantheon Books.（『脳のはたらきのすべてがわかる本』ジョン・J・レイティ著、堀千恵子訳、角川書店、2002 年）

———. (2010). *Your body at work: A guide to sight-reading the body language of business, bosses, and boardrooms.* New York: St. Martin's Press.

Hall, E. T. (1969). *The hidden dimension.* Garden City, NY: Anchor Books.（『かくれた次元』エドワード・ホール著、日高敏隆／佐藤信行訳、みすず書房、1970年）

———. (1959). *The silent language.* New York: Doubleday.（『沈黙のことば——文化・行動・思考』エドワード・T・ホール著、國弘正雄／長井善見／斎藤美津子訳、南雲堂、1966年）

Iacoboni, M. (2009). *Mirroring people: The science of empathy and how we connect with others.* New York: Picador.（『ミラーニューロンの発見——「物まね細胞」が明かす驚きの脳科学』マルコ・イアコボーニ著、塩原通緒訳、ハヤカワ文庫、2011年）

Knapp, M. L., & Hall, J. A. (2002). *Nonverbal communication in human interaction* (5th ed.). New York: Harcourt Brace Jovanovich.（『人間関係における非言語情報伝達』マーク・L・ナップ著、牧野成一／牧野泰子訳、東海大学出版会、1979年）

LaFrance, M., & Mayo, C. (1978). *Moving bodies: Nonverbal communications in social relationships.* Monterey, CA: Brooks/Cole.

LeDoux, J. E. (1996). *The emotional brain: The mysterious underpinnings of emotional life.* New York: Touchstone.（『エモーショナル・ブレイン——情動の脳科学』ジョセフ・ルドゥー著、松本元／川村光毅ほか訳、東京大学出版会、2003年）

Montagu, A. (1986). *Touching: The human significance of the skin.* New York: Harper & Row Publishers.（『タッチング——親と子のふれあい』A・モンタギュー著、佐藤信行／佐藤方代訳、平凡社、1977年）

Morris, D. (1985). *Bodywatching: A field guide to the human species.* New York: Crown Publishers.（『ボディウォッチング』デズモンド・モリス著、藤田統訳、小学館ライブラリー、1992年）

———. (1994). *Bodytalk: The meaning of human gestures.* New York: Crown Trade Paperbacks.（『ボディートーク——世界の身ぶり辞典』デズモンド・モリス著、東山安子訳、三省堂、2016年）

———. (1971). *Intimate behavior.* New York: Random House.

———. (1980). *Manwatching: A field guide to human behavior.* New York: Crown Publishers.（『マンウォッチング』デズモンド・モリス著、藤田統訳、小学館文庫、2007年）

———. (2002). *Peoplewatching: A guide to body language.* London: Vintage Books.

Morris, Desmond, et al. (1994). *Gestures.* New York: Scarborough Books.（『ジェス

参考文献

Alford, R. (1996). "Adornment." In D. Levinson and M. Ember (Eds.), *Encyclopedia of Cultural Anthropology.* New York: Henry Holt.

Burgoon, J. K., Buller, D. B., & Woodall, W. G. (1994). *Nonverbal communication: The unspoken dialogue.* Columbus, OH: Greyden Press.

Calero, H. H. (2005). *The power of nonverbal communication: How you act is more important than what you say.* Los Angeles: Silver Lake Publishers.

Carlson, N. R. (1986). *Physiology of behavior* (3rd ed). Boston: Allyn & Bacon.（『第4版　カールソン　神経科学テキスト――脳と行動』Neil R. Carlson 著、泰羅雅登／中村克樹監訳、丸善出版、2013 年）

Darwin, C. (1872). *The expression of emotion in man and animals.* New York: Appleton-Century Crofts.（『人及び動物の表情について』ダーウィン著、浜中浜太郎訳、岩波文庫、1991 年）

Dimitrius, J., & Mazzarela, M. (1998). *Reading people: How to understand people and predict their behavior—anytime, anyplace.* New York: Ballantine Books.（『この人はなぜ自分の話ばかりするのか――こっそり他人の正体を読む法則』ジョーエレン・ディミトリアス著、富田香里訳、ヴィレッジブックス、2001 年）

Ekman, P., Friesen, W. Y., & Ellsworth, P. (1982). *Emotion in the human face: Guidelines for research and an integration of findings.* Ed. Paul Ekman. Cambridge, UK: Cambridge University Press.

Etcoff, N. (1999). *Survival of the prettiest: The science of beauty.* New York: Anchor Books.（『なぜ美人ばかりが得をするのか』ナンシー・エトコフ著、木村博江訳、草思社、2000 年）

Givens, D. G. (2005). *Love signals: A practical guide to the body language of courtship.* New York: St. Martin's Press.（『ラブ・シグナル　なぜ、髪をとく仕草に男は恋をするのか――求愛の人類学から見た、心を射止める愛の法則』デビッド・ギヴンズ著、青木桃子訳、日本文芸社、2005 年）

———. (1998–2007). *The nonverbal dictionary of gestures, signs & body language cues.* Spokane, WA: Center for Nonverbal Studies. Http://members.aol.com/nonverbal2/diction1.htm.

Illustration credits: pages 17, 27, 35, 41, 59, 65, 73, 91, 103, 111, 119, 125, 135, 153, 179, 191 © Anna Rassadnikova/Shutterstock, Inc.; page 141 © freelanceartist/Shutterstock, Inc.; page 197 © Oksana Usenko/Shutterstock, Inc.; page 209 © makar/Shutterstock, Inc.

西田美緒子（にしだ・みおこ）
翻訳家。津田塾大学英文科卒業。訳書に、『FBI 捜査官が教える「しぐさ」の心理学』、『世界一素朴な質問、宇宙一美しい答え』、『世界一ときめく質問、宇宙一やさしい答え』、『犬はあなたをこう見ている』、『動物になって生きてみた』（以上、小社）のほか、『深海の庭園』（草思社）、『音楽好きな脳』（白揚社）、「オックスフォード科学の肖像」シリーズから『ダーウィン』、『マーガレット・ミード』（大月書店）など多数。

FBI 捜査官《そうさかん》が教《おし》える「しぐさ」の実践解読辞典《じっせんかいどくじてん》407

2019 年 5 月 30 日　初版発行
2022 年 11 月 30 日　4 刷発行

著　者　ジョー・ナヴァロ
訳　者　西田美緒子
装幀者　岩瀬聡
発行者　小野寺優
発行所　株式会社河出書房新社
〒 151-0051 東京都渋谷区千駄ヶ谷 2-32-2
電話（03）3404-1201［営業］（03）3404-8611［編集］
https://www.kawade.co.jp/
印　刷　株式会社亨有堂印刷所
製　本　小泉製本株式会社
Printed in Japan
ISBN978-4-309-24908-7